Der Weg zu wahrer Größe

Sunday Adelaja

1. Ausgabe

Der Weg zu wahrer Größe
von Sunday Adelaja

Bibliografische Information der Deutschen Nationalbibliothek: Die Deutsche Nationalbibliothek verzeichnet diese Publikation in der Deutschen Nationalbibliografie; detaillierte bibliografische Daten sind im Internet über http://dnb.dnb.de abrufbar.

© 2014 Sunday Adelaja/ www.itl-godembassy.de

Illustration: Salome Ballentin ap&p Wismar
Übersetzung: Birgit Schmidt-Leiningen www.slcommunication.de
Herausgabe: Omotoe Tope, Frankfurt/Main ITL-Deutschland, Natalja Potopaeva, Berlin

Herstellung und Verlag: BoD – Books on Demand, Norderstedt

 ISBN: 978-3-7357-9331-7

Vorwort..6

Prinzipien für einen langfristigen Erfolg 8

VERFOLGEN SIE BEHARRLICH IHR ZIEL 10

VERGLEICHEN SIE SICH NICHT MIT ANDEREN......12

WERKZEUGE DER PERSÖNLICHEN ENTWICKLUNG 18

GLAUBE IST SIEG...20

Wie man seine Berufung erkennt 22

ZUFRIEDENHEIT, SICHERHEIT UND SCHUTZ.........24

EIN FESTER PLAN...27

ANDEREN DIENEN 34

WAS KÖNNEN SIE ANBIETEN? 39

Die nötige Weisheit für die Umsetzung von Lebenszielen...42

DAS WICHTIGSTE ZUERST.................................46

„ALLES HAT SEINE ZEIT" 51

Was den Erfolg verhindert 54

EIN MUTIGER SPRUNG HIN ZUM GLAUBEN.............57

TREFFEN SIE VORBEREITUNGEN FÜR DEN ERFOLG 62

NIEMALS AUFGEBEN!...63

WIE SEHEN SIE SICH SELBST?............................68

LEBEN, UM ANDEREN ZU GEFALLEN 70

SICH SELBST BESIEGEN 72

JEDER MOMENT IST WERTVOLL 75

LASSEN SIE SICH NICHT ABLENKEN 78

MACHEN SIE DEN ERFOLG ZU IHREM STÄNDIGEN BEGLEITER 80

Vorwort

Hinter jeder großen Erfolgsgeschichte steht ein Geheimnis. Man könnte wohl sagen, nur erfolgreiche Menschen kennen das Geheimnis des Erfolgs – allerdings sind diese Geheimnisse nicht unerreichbar. Alles, was man braucht, um hier auf Erden - und nicht irgendwo im Jenseits - erfolgreich und glücklich zu werden, lässt sich finden. Diese Dinge befinden sich in Reichweite und sind für jeden verfügbar, der die richtige Richtung einschlägt und an die richtige Tür klopft.

In diesem Buch geht es um verschiedene Ebenen von Größe. Erfolg ist nicht, was die Menschen normalerweise darunter verstehen. Es ist sehr viel mehr, als nur etwas gut zu können oder eine bestimmte Aufgabe erfolgreich zu erledigen. Als Gott Mann und Frau erschuf, gab er ihnen bestimmte Potenziale, Fähigkeiten und Aufgaben mit, die sie hier auf der Erde erfüllen sollen. Es geht darum, ein Leben so zu leben, dass man alles, was Gott uns mitgegeben hat, nutzt. Es geht darum, alle Ziele und Berufungen, die Gott uns zugedacht hat, zu erfüllen und umzusetzen. Erfolgreich ist also, wer die von Gott vorgesehene Berufung und sein Schicksal für das irdische Leben erfolgreich umsetzt. Wenn wir die Ziele und die Zwecke Gottes für unser Leben ernst nehmen, sind wir erfolgreich. In diesem Buch werden Sie lesen, wie man es schafft, am Ende der Jahre auf dieser Erde sagen zu können: „Ja, ich bin erfolgreich."

Durch seine Gnade hat der Herr mir eröffnet, was mich erfolgreich macht. In diesem Buch werde ich Ihnen Einiges davon weitergeben und Ihnen den Schlüssel zu Erfolg und Größe geben. Sie erfahren ein paar der Geheimnisse des erfolgreichsten Mannes, der je auf Erden gelebt hat – unser Herr Jesus Christus. Es sind jene Geheimnisse, die sein Leben so groß und glorreich gemacht haben.

Erfolg ist nur ein Schritt auf dem Weg zu wahrer Größe. Um groß zu werden, reicht Erfolg alleine nicht aus. Es bedeutet mehr, als nur bei einer bestimmten Aufgabe erfolgreich zu sein. Es erfordert, verschiedene Aufgaben erfolgreich zu bewältigen und auf verschiedenen Ebenen des menschlichen Lebens zu bestehen. Groß ist nicht, wer eine bestimmte Aufgabe zu einer bestimmten Zeit erfüllt. Eine große Person ist jemand, der eine lange und andauernde Geschichte des Erfolgs vorweisen kann. Größe heißt andauernder Erfolg und große Leistungen. Groß ist, wer häufig Erfolge feiert.

Um groß zu sein, muss man zweifellos beweisen, dass man den Erfolg aufrechterhalten kann. Jemand, der sich in einem bestimmten Bereich des Lebens, in seiner Berufung, immer und immer wieder als erfolgreich herausstellt, wird als groß angesehen. Und Größe ist Gottes Plan für uns alle - Mann und Frau. Wir können seinen Plan erfüllen, wenn wir dem Wissen folgen, das Gott uns in seinem Wort gegeben hat.

Während seiner frühen Predigerjahre erklärt uns Jesus, der das Buch des Lebens verfasst, er sei das Leben (Johannes 14,6). Und in der Tat geht das ABC des Lebens auf ihn zurück und er möchte uns seine Geheimnisse eröffnen - allen, die ihn lieben. Und so sind Sie wahrlich gesegnet, denn Sie können diese Wahrheit von ihm erhalten.

In diesen Seiten werden Sie lesen, was Ihr Leben erfolgreich und fruchtbringend macht. Ich bin mir sicher, dass Sie nach der Lektüre Ihre Wege ändern und groß und wirklich erfolgreich werden.

Ich bete für Sie, dass dieses Buch Ihr Leben verändert. Der Herr möchte, dass Sie all Ihre Hoffnungen, Wünsche und Träume wahr werden lassen. In seinem Wort gibt er das Versprechen, Sie auf Ihrem Weg zum Erfolg zu leiten und zu begleiten.

Lesen Sie gleich weiter… und möge der Herr Sie segnen!

Sunday Adelaja

Kapitel 1

Prinzipien für einen langfristigen Erfolg

Jedes Kind – geboren von seiner Mutter – ist wie eine Frucht. Und so ist jeder Einzelne von uns eine Frucht, die ein ganz besonderes Samenkorn in sich trägt. Ein Apfelkern, der in den Boden gelangt, bringt einen Apfelbaum hervor. Dieser wiederum trägt reichlich Früchte, die wir ernten können. Dasselbe gilt für das Samenkorn, das Gott für Adam vorgesehen hatte und aus dem bereits sechs Milliarden Menschen hervorgegangen sind…

> *Und die Erde brachte Gras hervor, Kraut, das Samen hervorbringt nach seiner Art, und Bäume, die Früchte tragen, in denen ihr Same ist nach ihrer Art. Und Gott sah, dass es gut war. (1.Mose, 12)*

Hier wirkt das göttliche Prinzip: Der Schöpfer bedenkt jede Person mit einem bestimmten Samen. In ihm findet sich unsere Berufung, unser Schicksal und unser Talent – alles, was wir brauchen, um zu glänzen und produktiv zu sein. Wir brauchen Gottes Samen, um ein fruchtbares Leben zu führen und Gottes Samen hat die Fähigkeit zur Vermehrung. Mit anderen Worten: Er kann wachsen, sich vermehren und sich in der ganzen Welt ausbreiten.

Größe und ein erfülltes Leben sind nicht nur wenigen Privilegierten oder ‚Erwählten' vorbehalten. Der Herr selber sorgt dafür, dass dieses Geschenk jedem Einzelnen seiner Kinder zuteilwird.

In einem kleinen Jungen steckt in der Regel auch ein erwachsener Mann, der Vater vieler Kinder und Menschen werden kann. Und aus einem kleinen Mädchen wird in der Regel eine Frau, die wie Eva ganze Nationen hervorbringen kann. Aus einem Vogel wird ein ganzer Vogelschwarm und ein Fisch kann sich zu einem großen Fischschwarm entwickeln.

Und Gott segnete sie, und Gott sprach zu ihnen: Seid fruchtbar und vermehrt euch, und füllt die Erde, und macht sie euch untertan; und herrscht über die Fische des Meeres und über die Vögel des Himmels und über alle Tiere, die sich auf der Erde regen! (1Mose, 28)

Glauben Sie mir: Es ist nicht nur wenigen Erwählten vorbehalten, ein erfolgreiches Leben zu führen. Wenn Sie daran glauben, dass Gott den Menschen – also auch Sie – nach seinem Bilde erschuf (und das tat er gemäß 1.Mose, 26), dann wissen Sie, dass er auch Sie mit einem Samen der Größe bedachte. Gott hat Sie nicht umsonst gefunden und gerufen. Vergessen Sie nie, dass Größe und ein erfülltes Leben nicht das Schicksal einiger Erwählter ist. Der Herr hat dieses Geschenk für jedes seiner Kinder vorgesehen.

Und es wird geschehen, wenn du der Stimme des HERRN, deines Gottes, genau gehorchst, dass du darauf achtest, all seine Gebote zu tun, die ich dir heute befehle, dann wird der HERR, dein Gott, dich als höchste über alle Nationen der Erde stellen.

Und alle diese Segnungen werden über dich kommen und werden dich erreichen, wenn du der Stimme des HERRN, deines Gottes, gehorchst.

Gesegnet wirst du sein in der Stadt, und gesegnet wirst du sein auf dem Feld.

Gesegnet wird sein die Frucht deines Leibes und die Frucht deines Ackerlandes und die Frucht deines Viehs, der Wurf deiner Rinder und der Zuwachs deiner Schafe.

(5. Mose 28, 1-4)

Wie wir in diesem Abschnitt lesen: Wer Gottes Wort befolgt, wird ein reich gesegnetes Leben haben. In den Lebensgeschichten einige unserer Pastoren bestätigt sich dieses

Prinzip: Bevor sie zu Gott fanden, galten sie als gescheiterte Existenzen ohne Hoffnung und ohne Zukunft. Einer der mir bekannten Pastoren war Alkoholiker und hat 30 Jahre getrunken. Ein anderer kehrte nach 3 Selbstmordversuchen um und fand zu Gott. Ein weiterer war monatelang auf der Flucht vor Kriminellen... Und diese Liste ließe sich beliebig fortführen. Jetzt bekleiden diese Menschen Führungsämter und begleiten andere Menschen auf ihrem Weg zu Jesus Christus. Für sie veränderte sich ihr Leben in dem Moment, als sie sich für Christus entschieden. Auch Ihr Leben kann sich grundlegend ändern, wenn Sie Gottes Wort bedingungslos gehorchen und den Plan erfüllen, den Gott für Sie vorgesehen hat.

Auf diesem Weg möchte ich Sie unterstützen und Ihnen die vier Prinzipien für ein erfolgreiches Leben vorstellen. Lassen Sie uns einen Blick darauf werfen.

VERFOLGEN SIE BEHARRLICH IHR ZIEL

Prinzip Nr. 1: Geben Sie sich nie mit dem Stand zufrieden, auf dem Sie sich befinden. Akzeptieren Sie, dass Sie nicht perfekt und noch nicht die Person sind, die Sie sein wollen. Sie wollen doch noch besser werden, oder?

Selbstzufriedenheit führt zu Selbstzerstörung. Mit Selbstzufriedenheit schaufeln Sie sich Ihr eigenes Grab und werden sich wie lebendig begraben fühlen. Jene, die mit ihrer Position unzufrieden sind, machen Fortschritte. Unzufriedenheit veranlasst zum Handeln, zum Suchen. Nur so kann Neues entstehen.

> *Ich habe den guten Kampf gekämpft, ich habe den Lauf vollendet, ich habe den Glauben bewahrt; fortan liegt mir bereit der Siegeskranz der Gerechtigkeit, den der Herr, der gerechte Richter, mir als Belohnung geben wird an jenem Tag; nicht allein aber mir, sondern auch allen, die sein Erscheinen lieb gewonnen haben.*
> *(2. Timotheus 4, 7-8)*

Obwohl Paulus von der Belohnung wusste, die im Himmel auf ihn wartet, fuhr er mit seiner Mission fort und gehorchte dem Willen Gottes.

Wie ein Apfelsamen, der zu einem Baum voller Früchte heranwächst, können Ihre Talente dazu beitragen, dass Sie eines Tages berühmt und erfolgreich sind. Solange Sie an sich glauben, solange Sie an Gott und sein Wort glauben und solange Sie danach streben, mehr in Ihrem Leben zu erreichen (und sich dabei vom Heiligen Geist leiten lassen), kann der Erfolg zu Ihrem ständigen Begleiter werden.

....

Vergessen Sie nie: Fortschritte machen nur jene, die mit ihrer aktuellen Situation unzufrieden sind.

....

In Philipper 3, 12 schreibt Paulus auch:

Nicht, dass ich es schon ergriffen habe oder schon vollendet bin; ich jage ihm aber nach, ob ich es auch ergreifen möge, weil ich auch von Christus Jesus ergriffen bin.
(Philipper 3, 12)

Nur wenn man sich auf Dinge konzentriert, die man tun will, erweitert man die Bandbreite seiner Möglichkeiten. Und solange Sie Christus folgen, wird niemand Sie aufhalten können. Sie dürfen grundsätzlich nie meinen, dass Sie in dem, was Sie tun, perfekt sind, denn es gibt immer Verbesserungsmöglichkeiten.

Brüder, ich denke von mir selbst nicht, es ergriffen zu haben; eines aber: Ich vergesse, was dahinten, strecke mich aber aus nach dem, was vorn ist, und jage auf das Ziel zu, hin zu dem Kampfpreis der Berufung Gottes nach oben in Christus Jesus.(Philipper 3, 13-14)

In unserer Gesellschaft kultivieren viele Menschen die Einstellung und Mentalität des typischen Durchschnittbürgers.

Sie sagen: „Ich bin eine ganz normale Person. Naja, vielleicht bin ich nicht so erfolgreich wie mancher anderer, aber ich bin ganz zufrieden mit meinem Leben." Sie versichern, ihr Bestes getan zu haben und ruhen sich auf ihren Lorbeeren aus. Aber genau diese Einstellung ist ihr ärgster Feind! Grundsätzlich können sie nur profitieren, wenn man sie aufgrund ihrer Passivität verurteilt. Derart Kritik ist keineswegs empörend; vielmehr tut man ihnen damit einen Gefallen. Auf diese Weise werden sie dazu ermutigt, neue Ideen zu suchen und zu finden. Kritische Kommentare sollten ernst genommen und nicht zurückgewiesen werden. Es ist nicht weise, unsere Kritiker abzuwehren und ihnen einen Mangel an Gottes Liebe vorzuwerfen. In der Bibel steht: „Denn wen der Herr lieb hat, den züchtigt er wie ein Vater den Sohn, den er gern hat." (Sprüche 3, 12) So wirkt Gott durch andere, so korrigiert er uns, dies ist Gottes Prinzip. Sie sollten all jene willkommen heißen, die Sie anregen, neue Ideen zu suchen und die Sie ermutigen, neue Wege zu finden, um diese neuen Ideen in Ihrem Leben umzusetzen. Ihr Erfolg wird keine Grenzen kennen, solange Sie an sich, an Gott und an sein Wort glauben und hart daran arbeiten, Ihren Horizont zu erweitern.

VERGLEICHEN SIE SICH NICHT MIT ANDEREN

Wichtig ist auch, sich niemals mit anderen zu vergleichen, denn das wird Ihrem Erfolg abträglich sein. Es verhält sich ja so: Als jemand, der von Gott erwählt wurde, kann ich gar nicht wie jeder andere sein wollen. Im fünften Buch Mose 28, 13 steht, dass ich Haupt sein soll, nicht Schwanz. Mit anderen Worten: Der Schöpfer hat etwas Besonderes für mich vorgesehen. Warum sollte ich mir also den Kopf darüber zerbrechen, was andere Leute über mich denken oder reden? Auch für Sie hat Gott diesen Erfolg vorgesehen. Aber Sie müssen im Herzen fest sein und genau wissen, wer Sie in Christus Augen sind, denn wirklich erfolgreiche Menschen vergleichen sich nie mit anderen.

Als einige charismatische Kirchenleiter in der ehemaligen Sowjetunion bereits sehr erfolgreich waren, hielten wir in unserer Kirche (die damals noch sehr jung war) zunächst nur erste Konferenzen ab. Ich freute mich aufrichtig für diese erfolgreichen Prediger und habe ihnen den Erfolg nie geneidet, denn Neid und Vergleiche mit anderen behindern das eigene Fortkommen. Mittlerweile ist einige Zeit vergangen und unsere Kirche ist zur größten Gemeinde in der Ukraine und der ehemaligen Sowjetunion angewachsen, aber wären wir mit diesem Erfolg zufrieden, würde sich unsere Kirche nicht weiterentwickeln.

Denn wir wagen nicht, uns gewissen Leuten von denen, die sich selbst empfehlen, beizuzählen oder gleichzustellen; aber da sie sich an sich selbst messen und sich mit sich selbst vergleichen, sind sie unverständig. (2. Korinther 10, 12)

Ich stelle hohe Ansprüche an unsere Kirche und an mich; ich bin mit dem jeweils Erreichten grundsätzlich nicht zufrieden. Der Herr sieht uns nicht wie wir sind, sondern wie wir sein könnten und sollten. Stellen Sie sich vor, ich würde 1000 Dollar pro Monat verdienen, Gott aber hätte mir ein Potenzial für 10 Millionen Dollar mitgegeben. Dann wird er natürlich darauf warten (und mir helfen), mein Potenzial voll auszuschöpfen. Natürlich möchte er, dass ich mit dem zufrieden bin, was ich habe, aber er will nicht, dass ich selbstzufrieden bin und dort stehenbleibe, wo ich bin, weil er für mich viel mehr vorgesehen hat. Wenn ich also nicht vorwärts strebe, kann ich meine von Gott gegebenen Fähigkeiten nicht voll nutzen und er wäre mit der Situation sicherlich nicht zufrieden.

Vergessen Sie nie: Neid und Vergleiche mit anderen stehen Ihrem zukünftigen Erfolg im Wege.

Als Pastor war ich noch nie zufrieden mit dem, was ich erreicht habe. Als Kirche sind wir zwar glücklich, dass unsere

Gemeinde auf über zwanzigtausend Mitglieder angewachsen ist, aber vielleicht wollte Gott, dass wir im ersten Jahr zwanzigtausend Mitglieder sind, dann aber mehr? Und so würde, was uns selber glücklich macht, den Herrn traurig stimmen. Was ich damit sagen will: Wenn wir dort stehen bleiben, wo wir sind, können wir nicht erreichen, was Gott für uns und unser Tun vorgesehen hat. Und so sollten Sie sich immer fragen, was Gott von Ihnen erwartet, welche Ziele und Aufgaben er Ihnen gibt, welche Mission Sie erfüllen müssen. Vergleichen Sie sich nie mit anderen, messen Sie sich an Ihrer Berufung und Ihrem Schicksal. Nur dann wird Ihr Erfolg grenzenlos sein.

Woher aber wissen Sie, dass Gott nur das Beste für Sie bereithält? Es ist Ihre Berufung. Jeder trägt etwas in sich, das herausstrebt. Und woher wissen Sie, wozu Sie berufen sind? Ihre Leidenschaften werden Ihnen verraten, was Sie antreibt, worüber Sie sich Sorgen machen, was Sie tun wollen. Ihre Leidenschaft wird Sie leiten. Sie verrät Ihnen, welche Berufung Gott für Sie vorgesehen hat. Um die rechte Berufung zu finden, können Sie außerdem auch nach Ihren Talenten suchen. Beobachten Sie, was Ihnen leicht fällt, was Sie gerne machen. Oder Sie können versuchen zu erkunden, vielleicht sogar zu erraten, was in Ihnen Unzufriedenheit weckt, was Sie frustriert. Vielleicht entdecken Sie so Ihre Ziele und Aufgaben.

Ein Beispiel: Sie sorgen und ärgern sich über die politischen Machenschaften in ihrem Land, mit Leidenschaft wünschen Sie sich, die Politik ein Stück ehrlicher machen zu können. Sie werden wütend, wenn Sie sehen, wie bestimmte Dinge schief laufen, denn Sie lieben Ihr Land. In diesem Fall ist das ein Zeichen und Sie sind dazu berufen, etwas in diesem Bereich zu tun. Oder nehmen wir ein anderes Beispiel. Manche Menschen interessiert es nicht im Geringsten, dass es in ihrem Land viele Alkoholiker gibt. Andere tun so gut wie nichts, um Alkoholikern und ihren Familien zu helfen. Wieder andere jedoch sind wütend auf das Phänomen des Alkoholismus, und gleichzeitig haben Sie Mitleid mit den Menschen, die Alkohol trinken. Sollten Sie einen derartigen Konflikt in sich spüren, sollten Sie einerseits Mitleid , andererseits aber auch Wut verspüren, so setzen Sie sich mit der Situation auseinander und tun Sie etwas, denn Sie sind dazu berufen!

Gott hilft uns dabei, unserer Berufung zu folgen und unsere Ziele erfolgreich zu verwirklichen. Und genau darum geht es in diesem Buch: Gott wird auch Ihnen helfen, erfolgreich zu sein, wenn Sie sein Angesicht suchen und wenn Sie danach streben, sich selber zu ergründen. Dieses Buch wird Ihnen dabei helfen, sich selbst zu entdecken. Ich werde Ihnen sagen, wie Sie die Fähigkeiten, die in Ihnen stecken, entfesseln und nutzen können und wie Sie den Plan, zu dem Gott Sie berufen hat, verwirklichen.

Wir aber wollen uns nicht ins Maßlose rühmen, sondern nach dem Maße des Wirkungskreises, den uns Gott als Maß zugeteilt hat, nämlich auch bis zu euch zu gelangen. Denn es ist nicht so, als ob wir nicht zu euch gekommen wären und uns nun zu weit ausstrecken; denn wir sind mit dem Evangelium Christi auch bis zu euch gekommen.
(2. Korinther 10, 13-14)

Ein Mensch, der sich selbst mit anderen vergleicht und versucht, den Lebensstil anderer zu kopieren, ist nicht weise. Wenn er das tut, degradiert er seine Persönlichkeit, und das entspricht nicht Gottes Willen. Jemand, der die eigene, von Gott vorgegebene Bestimmung unbeachtet lässt, führt ein trauriges Leben, er lebt nicht, sondern existiert lediglich.

Ich habe einst jemanden kennengelernt, der in der Vergangenheit viel Geld verdient hatte. Dann aber wandte er sich den weltlichen Vergnügungen zu. Er fing an zu trinken, ging fremd und versuchte, sein schlechtes Verhalten damit zu rechtfertigen, dass ja schließlich viele Leute so lebten… Letztlich siegte die Selbstzerstörung – moralisch, körperlich und finanziell war er am Ende. Menschen wie er scheitern früher oder später.

Gottes Gesetz (sein Wort) greift; jene, die es ignorieren, werden früher oder später scheitern. Warum sollte man eine solche Strafe auf sich ziehen, wenn es sich vermeiden lässt?

Ich kenne Leute, die vor nicht allzu langer Zeit schicke Autos fuhren, heute aber zu Fuß gehen. So fragte ich einst einen Drogenabhängigen: „Wo sind Deine Autos?" Er antwortete: „Beide 600er Mercedes Benz drehen ihre Kurven jetzt in meinen Venen." Diese Menschen ignorierten Gottes Wahrheit, Gottes Wort.

Um sein Leben zu ändern, bedarf es einiger Anstrengungen. Wenn man dem Schlechten nichts entgegensetzt, wird man selber schlecht. Wenn man zum Beispiel ein gesellschaftliches Übel wie die Pornografie toleriert, wird man nicht einmal merken, wie sie sich ins eigene Leben schleicht. Sollen Sie Ihre falschen Einstellungen, falsche Glaubensansichten, oder ein falsches Benehmen nicht ändern, werden diese siegen und Sie letztlich zerstören. Was Sie tolerieren, das lassen Sie zu, und was Sie zulassen, wird letztlich Ihr Leben regieren.

Unterwerft euch nun Gott! Widersteht aber dem Teufel! Und er wird von euch fliehen. (Jakobus 4, 7)

Was heute noch als Erfolg angesehen wird, kann sich schon morgen als Hindernis herausstellen - nämlich dann, wenn Sie sich entschließen, nicht mehr in allen Bereichen Ihres Lebens nach Neuem zu streben. Diese Lebensregel ist unumstößlich.

Oft lässt Gott im Leben eines Christen Probleme und Krisen zu. So zum Beispiel auch im Leben des Hiob im Alten Testament. Eine unangenehme Situation oder eine Krise darf man nicht grundsätzlich als Feind betrachten. Natürlich verursacht Gott diese nicht, denn er möchte nur das Beste für Sie. Manchmal aber erlaubt er, dass Ihr Leben in eine Krise gerät, weil er Sie etwas lehren will und Sie ermutigen möchte, sich mehr anzustrengen. Nur so entwickeln Sie sich weiter und erreichen ein höheres Niveau. Gott verhindert die Krise nicht, weil er Sie und Ihren aktuellen Entwicklungsstand ändern will. Wenn Sie in einer solchen Situation nicht aufhören, ihn zu suchen und seinem Wort zu gehorchen, kann er die negativen Umstände oder die Krise zu Ihrem Vorteil wandeln. (Römer 8, 28)

Als unsere Kirche noch 500 Mitglieder hatte, dachte ich: „Die Kirche ist erst ein halbes Jahr alt, und wir sind schon 500." Kurz nachdem ich das gedacht hatte, passierte etwas Seltsames: Von einem Tag auf den anderen hörte unsere Kirche auf zu wachsen. Drei Monate lang kam kein Gläubiger in unsere Kirche. Das sollte mir eine Lehre sein: Selbstzufriedenheit steht jeglichem Erfolg im Weg. Gott hilft allen, die in ihrem Leben Neues erkunden wollen. Wenn Sie einen Gottesdienstsaal für 500 Personen zur Verfügung haben und sich damit zufrieden geben, kann dies Sie davon abhalten, noch mehr einzuladen und ein neues Niveau zu erreichen. Sobald Sie versuchen, Ihre Perspektive zu erweitern, wird Gott Ihnen dabei helfen. Manchmal tauchen Probleme auf, die sehr zweckdienlich sind. Als unserer Kirche 3000 Mitglieder angehörten, bekamen wir große Probleme mit den örtlichen Behörden. Wir beteten intensiv und Gott half uns bei der Lösung dieser Probleme. Daraufhin begann unsere Kirche wieder zu wachsen. Jedes Jahr kamen 2000 neue Mitglieder zu uns. Dank der erwähnten Probleme erleben wir heute eine besondere Gnade, denn unsere Kirche wächst zur größten evangelischen Kirche Europas an. In der Tat sehe ich dies als eine große Gnade, die uns Gott zuteilwerden lässt. Mittlerweile sind wir 25.000 Mitglieder und der Herr hat uns ermöglicht, in 25 Ländern der Welt über 50 Kirchen zu gründen – in Westeuropa, Amerika und in der ehemaligen Sowjetunion. Von allen Seiten bestätigt man uns, wie gelungen unser Gemeindeleben sei. Dies alles konnte nur entstehen, weil wir geduldig waren und im Angesicht der Anfechtungen standhaft blieben.

Der Allmächtige kann jedes noch so große Problem in einen Segen wandeln. Stellen Sie sich einmal vor, Sie hätten nichts zu essen. Das Problem werden Sie sicherlich nicht damit lösen, dass Sie jeden Tag Tränen darüber vergießen. Es wäre besser, wenn Sie sich an den Herrn wenden und beten: „Herr, ich habe nichts zu essen, Du aber gibst mir. Ich sehe auf Dich. Du leitest mich und Du sagst, was ich tun soll, um meine Situation zu verändern." Nach einem solchen Gebet kommt Ihnen vielleicht eine Idee, und es entsteht der Impuls, etwas zu tun. Vielleicht beschließen Sie zum Beispiel, endlich den Hof vom Müll zu befreien. Vielleicht wird das sogar zu Ihrem Geschäftsmodell, vielleicht können Sie damit Millionen verdienen. Thematisieren Sie Ihre Situation im Gebet, und folgen Sie dem daraus entstehenden Impuls. Tun Sie etwas!

In Zeiten der Prüfung bete ich grundsätzlich: „Herr bitte erlaube nicht, dass sich dieses Problem löst, bis ich gelernt habe, was Du mich lehren wolltest und bis ich mich geändert habe." Ich hoffe, auch Sie werden darum bitten, wenn Sie geprüft werden.

WERKZEUGE DER PERSÖNLICHEN ENTWICKLUNG

Prinzip Nr. 2: Nutzen Sie Ihre Probleme als Sprungbrett zum Erfolg! Einige Probleme sind hervorragend geeignet, Menschen dazu anzutreiben, nach neuen Ideen zu suchen. Sie decken auf diese Weise auch versteckte Potenziale und Talente auf. Das kalte Wetter brachte die Menschen beispielsweise dazu, warme Jacken und Mäntel zu erfinden. Große Entfernungen veranlassten die Menschen dazu, Lösungen zu finden, um sie zu bewältigen, und sie entwickelten Fahrzeuge. Im Laufe der technischen Revolution wurden Flugzeuge, Züge und Autos entwickelt. Um eine bessere Wohnqualität zu erreichen, bauten die Menschen Stromkraftwerke.

Es gibt aber auch selbstverschuldete Probleme, die aufgrund von Dummheit entstehen und die betroffene Person stark belasten. In diesem Fall sollten sie Buße tun und Gott suchen, der ihnen den Weg aus schwierigen Situationen weist und sie lehrt, wie diese in Zukunft zu vermeiden sind. Mit Gottes Hilfe werden sie solcherart Probleme nie wieder haben, vorausgesetzt, sie richten sich nach den Anweisungen des Herrn.

Vergessen Sie nicht, dass es Probleme gibt, die sich letztlich positiv auf unser Leben auswirken.

Sie müssen Ihr Problem also als Hilfswerkzeug ansehen, das Gott nutzt, um Sie in Ihrer persönlichen Entwicklung voranzubringen. So leitet er Sie auf den Weg zu wahrer Größe. Wenn Sie physikalische Hindernisse überwinden müssen, so stärkt dies die Muskeln Ihres Körpers. Beim Gewichtheben beispielsweise stemmt man Gewichte, um seine Muskeln zu entwickeln. Gewichtheben und Joggen sind dazu da, um unseren Körper aktiv zu halten und ihn stark zu machen. Mit unserer Seele verhält es sich ebenso; für die spirituelle Welt gilt daher dasselbe. Das Überwinden von Problemen stärkt unseren Geist.

Wenn Gott sieht, dass wir uns nicht mehr genügend um eine Beziehung zu ihm bemühen, wird er eine Herausforderung in unserem Leben zulassen. Der Herr nutzt derart Probleme manchmal, um uns enger an sich zu binden, insbesondere wenn er sieht, dass wir uns nicht mehr nach seiner Weisheit und Wahrheit richten.

Dieses Werkzeug Gottes hat schon viele Menschen dazu gebracht, Buße zu tun und Christus nachzufolgen. Aber ich denke nicht, dass dies seine einzige Lehre ist. Der Herr lehrt uns immer wieder wichtige Dinge, und er hat immer Recht. Um auf dem rechten Weg zu bleiben ist es am besten, zu versuchen, den Herrn wirklich zu verstehen und ihm noch näher zu kommen. Wenn wir danach streben, lernen wir ihn noch besser kennen. Es ist auch wichtig, das Ziel zu haben, nach oben berufen zu werden (Philipper 3, 14). Und durch das einfache Prinzip des Glaubens werden wir dies erreichen können.

Erfolg ohne Glauben führt letztlich zu Versagen auf ganzer Linie.

Der Glaube aber ist eine Wirklichkeit dessen, was man hofft, ein Überführtsein von Dingen, die man nicht sieht.
(Hebräer 11, 1)

Fortschritt oder Wachstum umfasst immer eine Bewegung in Richtung der Dinge, die noch zu sehen sind. Wer glaubt, ist überzeugt von Dingen, die mit dem bloßen Auge nicht sichtbar sind. Und so sind Fortschritt und Glauben nicht voneinander zu trennen. Deshalb kann Erfolg ohne Glauben nur ein Strohfeuer sein, wie eine Blase, die platzt, wenn man sie berührt. Erfolg ohne Glauben führt zum Zusammenbruch. Das geschah zum Beispiel in der ehemaligen Sowjetunion, wo Gott als einzige Quelle des Glaubens aus dem Alltag der Menschen verschwinden sollte. Der kurzfristige Erfolg dieser Nation währte nicht lange.

GLAUBE IST SIEG

Prinzip Nr. 3: Glauben Sie fest an Sieg und Erfolg. Vielleicht denken Sie: „Im Moment scheinen die Voraussetzungen einfach nicht gegeben, um Erfolge zu erzielen." Aber das erscheint nur auf den ersten Blick so. Vielleicht fehlen Ihnen grundlegende Dinge – zum Beispiel das nötige Kapital – um Ihr Geschäft zu gründen. Aber diese ungünstigen Umstände sind genau das, was Gott für Sie nutzbar macht. Er hat einen Plan und Sie werden ihn verwirklichen. Stellen Sie sich vor, Sie hätten alles, um Ihre Aufgabe zu erfüllen: Dann bräuchten Sie keinerlei Zuversicht und Glauben. Ohne Glauben aber könnten Sie nie dauerhaft erfolgreich sein. Gott lässt Sie Hindernisse überwinden, damit Sie lernen, ihm zu vertrauen. Der Glaube ermöglicht Ihnen, Ihre Berufung und Ihr Schicksal anzunehmen und zu leben. Und er ist Garant für Ihren zukünftigen Erfolg.

Loben Sie den Herrn, wenn Ihnen etwas Wichtiges fehlt. Nur so können Sie beginnen, an Dinge zu glauben, die noch nicht zu sehen sind. Der Apostel Jakobus schrieb: „So ist auch der Glaube, wenn er keine Werke hat, in sich selbst tot." (Jakobus 2, 17) Wenn Sie also daran glauben, dass Ihre Pläne von Erfolg gekrönt sein werden, dass Gott einen Samen der wahren Größe in Ihnen gesät hat, zögern Sie nicht, sondern handeln Sie in Ihrem Glauben.

Wenn Sie sich zum Beispiel sicher sind, dass Sie eines Tages zum Millionär werden, obwohl Sie im Moment nur 10 Euro im Monat verdienen, verzagen Sie nicht! Denn es ist nicht der Geldbetrag, den Sie heute verdienen, der von Bedeutung ist, sondern Ihr Wissen darum, dass Sie Ihrem Traum jeden Tag ein Stück näher kommen. Gestern haben Sie fünf Euro verdient, heute zehn. Morgen werden Sie 15 Euro verdienen. Wichtig ist, dass Sie sich immer weiter in Richtung Ihres Ziels bewegen und Ihr Glaube Ihnen dabei hilft, es zu erreichen. Wie das funktioniert, werden wir erkunden, wenn wir uns das nächste Prinzip des Erfolgs ansehen.

Prinzip Nr. 4: Verkünden Sie voller Vertrauen die Dinge, die Sie sich von Ihrem Leben erwarten. Reden Sie über Ihre Ziele und Pläne als hätten Sie sie bereits erreicht. Dies gleicht einem Versprechen an Gott, dass Sie Ihr Bestes tun werden, um sie zu verwirklichen. Danken Sie Gott im Glauben und aus tiefstem Herzen dafür, dass er Sie mit einem Samen wahrer Größe bedacht hat.

Kapitel 2

Wie man seine Berufung erkennt

Sie wissen jetzt, dass Gott Sie wie eine Frucht erschuf, in die er ein Samenkorn der Größe gelegt hat. Wie aber erkennen Sie die Art des Samenkorns? Wie finden Sie Ihren Platz im Leben, im Leib Christi? Wie erkennen Sie Ihre Bestimmung? Woher wissen Sie, wozu Sie geboren wurden?

Zunächst sei anzumerken, dass sich ein wirklich erfolgreiches Leben nicht am Reichtum messen lässt. Erfolg kann man nicht an materiellen Werten erkennen, ein erfolgreiches Leben ist etwas viel Größeres. Gleichzeitig wäre es aber töricht zu leugnen, dass materielle Gegebenheiten eine Rolle spielen und ein gewisser Wohlstand durchaus zum Erfolg dazu gehört. Es ist wohl so, dass Erfolge ohne das Erlangen von materiellen Werten nicht wirklich vorstellbar sind. Gott selber schuf auch die materielle Seite unseres Lebens, und so lehrt uns der Schöpfer in seinem Wort auch, wie man mit den materiellen Gegebenheiten unseres Lebens umgeht und wie man sie nutzt.

Einige Menschen sind der Meinung, sie wären erfolgreich - sind es aber gar nicht. Vor kurzem kam ein Geschäftsmann in mein Büro und bat mich um Rat. Er erklärte mir, dass er noch vor einigen Jahren mit seinem Lebensstil rundum zufrieden war. Damals war er sich sicher, dass er nichts weiter vom Leben wollte, als ein erfolgreiches Geschäft zu führen. Bald aber wurde ihm klar, dass ihm dies nicht reichte und er fragte sich: „Wofür lebe ich eigentlich?" Ich fragte ihn, warum er sich denn, seiner Meinung nach, damals als erfolgreich wahrgenommen hätte. Er antwortete: „Ich habe viel Geld verdient – Millionen von Dollar. Ich dachte, Erfolg ließe sich daran erkennen, dass man immer mehr Geld verdient. Später musste ich aber feststellen, wie falsch ich damit lag." Diesem Mann wurde klar, dass sich Erfolg nicht daran messen lässt, wie viel Geld man anhäuft. Die Drogen zerstörten alles, er verlor seine Familie, sein Büro und sogar seinen Sohn. Seine Familie zerbrach und er musste erkennen, dass er der unglücklichste Mann der Welt war. Ich nahm mir Zeit für ihn und er konnte Vieles von mir lernen; ich vermittelte ihm die wichtigsten Grundsätze des lebendigen Königreichs und erklärte ihm, dass die Grundpfeiler eines wahrhaftigen Lebens auf dem Wort Gottes basieren. Außerdem machte ich ihm klar, dass er Jesus Christus als seinen Herrn und Retter annehmen müsse, weil Jesus ihn erretten möchte, und dass Gottes Sohn in die Welt kam, um ihn von seiner Sucht zu befreien. Ich gab ihm die Hoffnung, dass er sein Leben mit Gebeten und Glauben zum Guten wenden kann. Dieser Mann ist mittlerweile zu einem lebendigen Beispiel der Herrlichkeit Gottes geworden: Er und seine Familie besuchen unsere Kirche, sein Familienleben ist wieder intakt. Er hat die Wahrheit gefunden: Jesus ist der Weg und die Wahrheit und das Leben, wie der Herr in Johannes 14, 6 sagt. Das Leben beginnt mit Jesus und es endet mit ihm. Das allein ist Grundlage für ein erfolgreiches Leben. Anders als der Geschäftsmann damals annahm, ist Erfolg zudem kein Einzelereignis. Nachhaltiger Erfolg ist vielmehr ein langfristiger Prozess. Wahrer Erfolg erstreckt sich über ein ganzes Leben - ein Leben, das sich nach dem perfekten Willen Gottes richtet. Erfolg stellt sich ein, wenn man seiner Berufung nachgeht. Glücklich und erfolgreich werden Sie, wenn Sie alle Anstrengungen unternehmen, um das zu tun, was Gott für Ihr Leben vorgesehen hat. Wenn Sie Ihrer Berufung ehrlich und engagiert nachgehen, werden Sie nicht nur spirituelle sondern auch finanzielle Sicherheit erlangen.

Vergessen Sie nie, dass sich wahrhaftiger Erfolg nur einstellt, wenn Sie nach Gottes perfektem Willen leben und Ihrer persönlichen Berufung folgen.

ZUFRIEDENHEIT, SICHERHEIT UND SCHUTZ

In der Vergangenheit hatte ich von einer nationalistischen Gruppierung per Post eine Todesdrohung erhalten. Die Nationalisten sandten mir diese, weil ich mich als Farbiger in die weiße Kultur der Ukraine eingemischt hatte, ein Land, in dem weniger als ein Prozent der Bevölkerung schwarz ist. Es ging aber nicht nur um meine Hautfarbe – eigentlich werden die Farbigen in der Ukraine bislang noch nicht bedroht. Vielmehr missfiel ihnen, dass ich es als afrikanischer Farbiger wagte, dem ukrainischen Volk die christliche Lehre nahezubringen. Man empfand meine Bemühungen als Beleidigung, denn auf dem Territorium der heutigen Ukraine ist das Christentum seit 1000 Jahren als offizielle Religion anerkannt.

Vier Tage später erhielt ich eine weitere Warnung: Man schickte mir einen Beerdigungskranz. Ich wusste, dass ich diese Bedrohung ernst nehmen musste und so begann ich, zu beten. Während des Gebets hörte ich die Stimme Gottes (in meinem Herzen), die mich fragte: „Wessen Willen ist es, dass Du in der Ukraine lebst?" Ich antwortete: „Es ist Dein Wille, Herr." Da fragte er: „Hast Du denn alles getan, was Deines Wissens nach zu tun ist, um meinen Plan für Dich zu erfüllen?" „Nein, das habe ich noch nicht", antwortete ich. Und dann begann ich, über mein Leben nachzudenken und darüber, was Gott noch von mir erwartete. Nachdem ich lange nachgedacht hatte, wurde mir klar, dass meine Mission in der Ukraine noch nicht beendet war. Bald sprach Gott wieder zu mir. Er ermutigte mich und bestätigte mir, dass sein Plan für mich Bestand hat, egal was passieren würde. Währenddessen drohten mir die Nationalisten weiter. Sie erklärten, ich würde mein Leben ebenso wie das Leben vieler anderer Farbiger aufs Spiel setzen, falls ich mich weigerte, das Land zu verlassen. Einige Zeit später besuchte ein Anführer dieser nationalistischen Gruppierung unsere Kirche, weil er wissen wollte, warum die Aufforderung, entweder das Land zu verlassen oder zu sterben oder des Landes verwiesen zu werden, bei mir kein Gehör fand. Wie er mir später verriet, hatten Sie bei der Regierung sogar schon meine Abschiebung beantragt. Während der fünf Jahre andauernden, vielen vergeblichen Versuche, mich aus dem Land zu verbannen, beschloss er, mich zu besuchen, um zu sehen, wer denn dieser Sunday wäre und warum er noch da ist. Für ihn war ich ein echtes Phänomen, er wollte wissen, warum seine Pläne nicht aufgingen, woher dieser Pastor seine Kraft nimmt. Wir trafen uns, ich führte ihn in mein Büro und brachte ihm viel Liebe entgegen - in der Hoffnung, dass er meine Mission in der Ukraine mit anderen Augen zu sehen beginnt. Ich erklärte ihm, dass ich kam, um Gott in der Ukraine erlebbar zu machen, um dem ukrainischen Volk die Gute Nachricht zu überbringen. Während unseres Treffens kam der Heilige Geist auf ihn und er betete das Gebet der Errettung mit mir. Er besucht mittlerweile zwar nicht unsere Kirche, weil er Mitglied der orthodoxen Kirche ist, aber wir sind seitdem mit ihm befreundet; in Interviews redet er sehr positiv über unsere Kirche.

Gott bewirkt Wunder, wie wir in diesem Fall sehen. Ich lebe und meine Feinde wurden zu Freunden. Solange man nach Gottes Willen lebt und seinen Wegen folgt, bleibt man beschützt. Niemand wird Sie vertreiben können, bis Sie Gottes Berufung für Ihr Leben erfüllt haben.

Wenn der HERR an den Wegen eines Mannes Wohlgefallen hat, lässt er selbst seine Feinde mit ihm Frieden machen. (Sprüche 16, 7)

Solange Sie Gottes Willen und Ihrer Berufung folgen, können sie sicher sein, dass Gott Sie nicht im Stich lässt. In ihm werden Sie Zufriedenheit, Sicherheit und Schutz finden.

In den letzten drei Jahren (ausgehend vom Zeitpunkt des Verfassens dieses Buches) ist unsere Kirche durch schwere Zeiten gegangen, sie war heftigen Angriffen seitens der lokalen Behörden ausgesetzt. Aber wer kann uns stärker gegen die Angriffe von Feinden beschützen als der Allmächtige? Wäre ich nicht Gottes perfektem Willen gefolgt, hätte ich versagt und keine Macht der Welt hätte mich verteidigen können. Aber unsere Kirche hat überlebt und der Mut und die Loyalität der Gemeindemitglieder dienen nun Vielen als Ermutigung. Sie sagen: „Wenn Du dem standhalten konntest, können wir das auch." Der starke Druck, dem wir ausgesetzt waren, hätte andere wahrscheinlich leicht aus der Bahn geworfen. Da wir aber Gottes perfekten Willen kannten und unserer Kirche treu blieben, mussten wir uns keine Sorgen machen. Das Geheimnis eines erfolgreichen Lebens liegt darin, Gottes Willen für sein Leben zu finden und umzusetzen.

Nachdem ich Jesus als meinen Herrn und Retter akzeptiert hatte, versprach ich ihm, mich nie von Sorgen übermannen zu lassen. Sicherlich, manchmal rege ich mich auf, weil ich bestimmte Sachen einfach nicht verstehe. Dann bete ich und lese die Bibel, um Gottes Rat zu suchen. Ich habe ihm versprochen, nie verärgert, desillusioniert oder ängstlich zu sein – egal in welcher Situation ich mich befinde. Und der Herr hilft mir, mein Versprechen zu halten. Dank seiner Hilfe kann ich diese Gefühle aus meinem Kopf und Herzen verbannen. Wenn ich merke, dass sie kommen, weiß ich, wie ich mit ihnen umgehen muss. Gott sagt in seinem Wort (das seinen Willen widerspiegelt), man solle alle Gedankengebäude zerstören und alles, was nicht von ihm kommt (2. Korinther 10, 5). Vergessen Sie nie: Wenn Sie Gottes Willen gehorchen, sind Ihre Ängste und Sorgen nicht von Dauer. Natürlich werden Sie in Ihrem Leben sehr wahrscheinlich einigen schwierigen, vielleicht sogar gefährlichen Situationen ausgesetzt sein, aber wenn Sie nicht müde werden, Gott zu suchen und wenn Sie von seinem Wort erfüllt sind, werden Sie wissen, was zu tun ist.

Wenn die Sorgen mich zu überwältigen drohen, kämpfe ich gegen dieses Gefühl an. Ich führe einen spirituellen Krieg gegen meine Ängste und Sorgen. In der Bibel wird bei Jakobus 4, 7 beschrieben, was man als spirituellen Krieg versteht: Ich komme Gott im Gebet nahe, um fest im Glauben zu bleiben und dem Feind zu widerstehen, denn in der Bibel lesen wir, dass der

Teufel flieht, wenn man dem Feind widersteht. Ich akzeptiere weder Niederlagen, noch Sorgen, Ängste oder Enttäuschungen. Gottes Wort bestimmt mein Leben, und indem ich anerkenne, dass der Herr mir seinen Geist und seine spirituelle Kraft schickt, verändere ich die Situation stets zum Besseren.

Das funktioniert hervorragend. Ich habe in meinem persönlichen Leben erfahren, dass der oben beschriebene spirituelle Krieg Wirkung zeigt. Ich bleibe fest im Glauben und gehe mit meinen Ängsten und Enttäuschungen klug um. Egal, welches Problem in mein Leben tritt, ich schlafe hervorragend. Vor langer Zeit sagte ich mir: „Wenn Gott über mich wacht, muss ich mich nicht sorgen. Ich kann ganz friedlich schlafen." Auch Sie sollten sich immer wieder daran erinnern, dass das Geheimnis eines erfolgreichen Lebens darin besteht, Gottes Willen für sein Leben zu erkennen und zu erfüllen.

Sie mögen sich fragen, warum ich mich so sicher fühle und diese Selbstsicherheit ausstrahle. Das ist ganz einfach: Ich gehorche Gottes perfektem Willen, diene meinem himmlischen Vater und seinem Königreich so gut ich kann. Ich schaue nie zurück in meine Vergangenheit. Ich suche das himmlische Königreich und seine Wahrheit ohne Unterlass. (Matthäus 6, 33) Gott ist mein Partner. Ich erfülle meinen Teil unserer Vereinbarung – und weiß, er wird seinen Teil erfüllen. Wenn Sie trotz allem für Sorgen und Ängste noch anfällig sind: Prüfen Sie sich, und fragen Sie sich, ob Sie das Wort ausreichend bedacht und genügend Zeit mit dem Herrn verbracht haben. Wenn nicht, ist Ihr Glauben wahrscheinlich noch nicht so stark, wie Sie meinen. Meine Empfehlung an Sie: Beten Sie täglich und lesen Sie täglich die Bibel. So werden sie mutiger und kühner in Ihren Taten und stärker im Glauben an Gott.

EIN FESTER PLAN

Denn ich kenne ja die Gedanken, die ich über euch denke, spricht der HERR, Gedanken des Friedens und nicht zum

Unheil, um euch Zukunft und Hoffnung zu gewähren. (Jeremia 29, 11)

Unten sind sechs Wahrheiten aufgelistet, die Sie in Hinsicht auf Gott und Gottes Plan für Sie kennen sollten. Wenn Sie sie beherzigen und sie sich regelmäßig bewusst machen, werden Sie glücklich und erfolgreich. Das ist meine feste Überzeugung.

1. Gott hat einen Plan für Ihr Leben.
2. Nur Gott kennt Ihre Berufung und er wird sie Ihnen eröffnen (wenn Sie Zeit mit ihm und seinem Wort verbringen).
3. Gottes Plan und Ziel für Ihr Leben hat Bestand.
4. Gottes Plan für Sie dient niemals dem Schlechten.
5. Sie haben Hoffnungen und Gott will sie wahr machen.
6. Das Wichtigste: Ihre Zukunft ist sicher (wenn Sie neu geboren wurden).

Ob Sie es glauben oder nicht: Sie werden glücklich sein, wenn Sie Ihren Lebensstil auf Gottes Wort und seinen Plan ausrichten. Warum sollten Sie sich also sorgen? Es gibt für Sie keinen Grund, sich über Ihr Leben Sorgen zu machen (Philipper 4, 6). Das Einzige, was Sie tun müssen: Geben Sie Ihrem Leben die entsprechende Richtung und fahren Sie wie eine Lokomotive unbeirrt Ihrem Ziel entgegen.

Sehen Sie, niemand auf dieser Welt wurde rein zufällig geboren. Alles auf Erden folgt einem bestimmten Plan, der vom Herrn vorgegeben ist. Alle Ereignisse folgen einem bestimmten Schema, das folgende Fragen beantwortet: Wer? Was? Wann? Wo?

In 1.Mose 1, 3-5 lesen wir, dass Gott zunächst die Zeit schuf (als er Tag und Nacht schuf), und dass sie als ein Maß für die Ereignisse dient. Das Thema Zeit bezieht sich auf die Frage: „Wann?" Nachdem Gott die Zeit erschaffen hatte, erschuf er den Raum (bzw. den Himmel), damit jedes Ding seinen Platz einnehmen kann (1.Mose 1, 6-7). Indem er den Raum schuf, beantwortete Gott die Frage: „Wo?" Gott wusste, dass der Raum für das Erschaffen von Dingen unabdingbar ist. Nach Zeit und Raum schuf Gott den Rest der Welt und er schuf den Menschen (1.Mose 1, 8-27). Damit gibt er Antwort auf die Fragen „Wer?" und „Was?"

Einige Menschen behaupten, die Geburt eines Kindes sei reiner Zufall. Aber sie irren: Gott steuert alles auf dieser Welt. Ich habe meinen biologischen Vater nie kennengelernt. Erst nach der Schulzeit wurde mir gesagt, dass der Mann, den ich für meinen Vater hielt, mein Onkel war. Meine Mutter heiratete einen Mann, der sie körperlich und verbal misshandelte. Als sie mit mir schwanger wurde, entschlossen sich ihre Eltern, sie von diesem Mann fernzuhalten. Ich bin ohne Vater und Mutter aufgewachsen. Nachdem meine Mutter mich geboren hatte, heiratete sie wieder. Meine Großmutter hat mich erzogen. Die Umstände meiner Geburt und alle damit verbundenen Widrigkeiten schienen darauf hinzudeuten, dass ich ohne Sinn und Zweck auf diese Welt kam. Aber bei Gott gibt es keine Zufälle. Ich weiß, warum Gott meine Geburt erlaubte: Er brauchte mich. Und nur mein Vater und meine Mutter konnten mich genau zu diesem Zeitpunkt bekommen, andere Eltern hätten ein anderes Kind geboren.

Als ich klein war, hänselten mich die Kinder in meiner Straße; sie sagten, meine Mutter wäre eine Dirne. Meine Großmutter hat mich immer verteidigt und versucht, den Nachbarn zu beweisen, dass ich ein eheliches Kind sei. Aber das war völlig unbegründet: Gottes Plan für mich war von Anfang an perfekt. Schon bevor er die Erde schuf, wusste der Höchste, das Jahr 2000 würde für mich ein besonderes werden, es würde das Jahr des ‚Großen Erwachens' werden. Er bestimmte Zeit und Ort – nämlich die Ukraine. Obwohl ich in Afrika geboren bin, brachte mich Gott dorthin, wo er mich sehen wollte und wo ich mein Schicksal erfüllen sollte. Der Schöpfer bestimmte dieses Ereignis als mein ‚Großes Erwachen' und es ist meine tiefste Überzeugung, dass es ein großes Erwachen für jeden Gläubigen gibt. Vielleicht waren Sie unglücklich, bevor Sie den Herrn fanden? Dann müssen Sie ab sofort Ihr Unglück vergessen. Sie sind in Gottes Plänen vorgesehen und sein geliebter Sohn Jesus Christus bezahlte einen hohen Preis für Ihre Errettung. Wenn Sie den Herrn in Ihr Leben lassen wollen, wird das eine radikale Veränderung Ihrer Geisteshaltung, Ihrer Art zu denken, nach sich ziehen. Fragen Sie Gott, was er für Ihr Leben plant und in welche Richtung Sie steuern sollen. Wenn Sie Antworten auf diese Fragen von ihm erhalten, können Sie sicher sein, dass Sie nach Gottes Willen handeln und dass sein Versprechen wahr wird.

Wir wissen aber, dass denen, die Gott lieben, alle Dinge zum Guten mitwirken, denen, die nach seinem Vorsatz berufen sind. (Römer 8, 28)

Gott hat alle Ereignisse unseres Lebens vorbestimmt, noch bevor wir geboren wurden. Wir kommen auf die Welt, um seinen festen Zweck zu erfüllen und seine Pläne umzusetzen. Im Buch des Propheten Jeremiah lesen wir:

Ehe ich dich im Mutterleib bildete, habe ich dich erkannt,... (Jeremia 1, 5)

Wann? Ehe er uns bildete. Wo? Im Mutterleib.

...und ehe du aus dem Mutterschoß hervorkamst, habe ich dich geheiligt; zum Propheten für die Nationen habe ich dich eingesetzt. (Jeremia 1, 5)

Mit 19 Jahren eröffnete mir Gott, dass ich zum Predigen berufen sei. Er ließ mich wissen, was er für mich vorgesehen hatte. Ehrlich gesagt stieß sein Plan bei mir zunächst auf strikte Ablehnung. Aber nachdem der Herr mir diese Verse in der Schrift gezeigt hatte, musste ich ihm glauben.

Mir scheint, der Herr bestimmt nicht nur die Berufung, sondern hat auch einen genauen Plan für uns. Er will Sie groß machen, und wenn ich sage, dass Gott uns groß machen will, so rede ich nicht nur über Größe im weltlichen Sinne. Es geht meines Erachtens nicht darum, ein großes Haus zu haben oder beliebt und in aller Welt bekannt zu sein. Vielmehr meine ich, dass man groß sein kann in allem, was Gott für Sie als Aufgabe vorgesehen hat. Sie können zum Beispiel eine gute Mutter sein – so gut, dass Ihre Kinder und Nachbarn merken: Sie leisten wirklich Außergewöhnliches in diesem Bereich. Oder Sie können ein besonders leistungsstarker Sportler sein. Und wir haben hervorragende Köche auf dieser Welt: Sie sind für Ihre besonderen Kochkünste bekannt. Wir haben engagierte Onkel, Verwandte, tolle Cousins und Cousinen. Wir haben tolle Freunde, wir haben besonders begabte Lehrer. Sie mögen vielleicht nicht unbedingt als Präsident der USA berühmt werden, aber Sie können dort Großes leisten, wo Gott Sie sehen will und Sie können alle Talente und Geschenke voll ausschöpfen, die Gott Ihnen mitgegeben hat. Das Geheimnis von Größe besteht darin, über seine Grenzen hinauszugehen. Das ist der Weg, den Sie suchen sollten, um Christus besser zu ergründen, denn so wird er Ihnen seine Pläne eröffnen. Je besser Sie den Herrn kennen und seine Pläne für Ihr Leben, desto einfacher wird es für Sie sein, Widrigkeiten zu überwinden, die Ihnen entlang des Weges begegnen.

Wenn wir den Schöpfer kennen und seinen Weg der Rechtschaffenheit voller Vertrauen gehen, können wir unsere Probleme durch den Glauben lösen: „... und dies ist der Sieg, der die Welt überwunden hat: unser Glaube (1. Johannes 5, 4). In diesem Vers wird uns versichert, dass uns unser Vertrauen in Gottes Plan dabei hilft, die Welt für Christus zu gewinnen. Sind Sie sich zu 100% sicher, dass der Herr Ihr Leben steuert, dass Ihr Problem nicht von Dauer sein wird, dass Sie über den Dingen stehen und nicht unter ihnen begraben werden, dass der, der in Ihnen ist, größer ist als alles, was in der Welt ist, und dass das Wort Gottes für immer Bestand haben wird? Wenn Ihnen dies gelingt, werden Sie erfolgreich sein, denn Ihr Sieg hängt davon ab, wie stark Sie daran glauben.

Vielleicht fragen Sie sich: „Nehmen wir an, der Herr hat mich berufen: Wo aber ist mein Platz? Woran erkenne ich, wozu ich berufen bin?" In der Tat: Viele Leute hören die Stimme Gottes (in ihrem Herzen) nicht. Aber nicht, weil er nicht zu Ihnen spricht, sondern weil sie selber zu beschäftigt sind, und nur auf ihre weltlichen Verlangen hören. Und wie ist das bei Ihnen? Leben Sie im Geist oder im Fleisch? (Römer 8, 4-7).

....

Vergessen Sie nie: Je mehr Sie den Herrn und seinen Plan für Ihr Leben kennen, desto einfacher wird es für Sie, das zu überwinden, was sich Ihnen in den Weg stellt.

....

Gott kennt Ihre Berufung, Sie müssen ihn also ergründen, um sich selber besser kennenzulernen. Und das kann gelingen, wenn Sie mehr Zeit damit verbringen, sein Wort zu lesen: Gott zu kennen bedeutet, sich selber zu entdecken.

Zudem gibt es einige Hinweise, die Ihnen helfen, Ihre Berufung zu erkennen.

Hinweis Nr.1: Lernen Sie, auf Ihr Inneres zu schauen, prüfen Sie Ihr Herz, und beobachten Sie sich selber aufmerksam, denn Ihre Berufung schlummert in Ihnen.

In 1.Mose 1, 12 lesen wir, dass die Frucht Samenkörner in sich trägt. Mit anderen Worten, Ihre Fähigkeiten, Ihre Talente, alles, was Sie groß machen kann, tragen Sie in sich. Dieses Samenkorn, das in Ihnen ist, macht sich oft bereits in der Kindheit bemerkbar. Es kann etwas sein, was Sie schon als kleines Kind gerne gemacht haben.

Meine Großmutter starb, bevor ich Christus in mein Leben ließ. Als kleiner Junge bohrte ich sie ständig mit den verschiedensten Fragen und so prophezeite sie mir: „Wenn Du groß bist, wirst Du bestimmt Anwalt, die haben auch immer so viele Fragen!" In der Schule hörte ich dann, dass auch Journalisten sehr viele Fragen stellen und dass Anwälte besonders eloquent sein müssen, damit die Menschen ihnen gut zuhören und folgen können. Nichtsdestotrotz entschied ich mich, Journalist zu werden und machte den Masterabschluss im Fach Journalismus. Aufgrund eines Sprachfehlers konnte ich in der Öffentlichkeit aber nicht sprechen. Sobald ich versuchte zu reden, fing ich an zu weinen. Ich konnte nicht einmal meinen Namen nennen. Wenn jemand mich ansprach, brachte ich kein Wort heraus, denn ich hatte keinerlei Kontrolle über meine Wortfindung. Daher hatte ich keine normale Kindheit, ich war kein normales Kind. Erst als ich mein Leben ganz dem Herrn Jesus Christus schenkte, gelang es mir, das Problem überwinden. Manchmal ging ich in eine Diskothek in unserer Nachbarschaft, ein bekannter Jugendklub, aber wenn ich etwas sagen wollte, kamen mir die Worte einfach nicht über die Lippen. Mir war das so peinlich, ich war so verwirrt, dass ich regelmäßig begann zu weinen und erst seit meiner Errettung nahm Gott diesen Sprachfehler von mir.

Hinweis Nr.2: Überlegen Sie, was Sie besonders mögen, welche Aktivitäten Ihnen besonders viel Freude machen.

Viele Menschen gehen einer Beschäftigung nach, die nicht ihrer wahren Berufung entspricht. Gehen Sie in sich, denken Sie nach. Vielleicht entdecken Sie Ihre wahren Talente? Erweitern Sie Ihren Horizont. Streben Sie danach, mehr über Dinge zu erfahren, an denen Sie interessiert sind. Arbeiten Sie hart daran, alle Geschenke, die Gott Ihnen gab, auch zu nutzen, denn das wird Sie erfüllen und glücklich machen.

Jeder trägt ein göttliches Samenkorn der Größe in sich. Es geht nie verloren und kann viele Früchte hervorbringen. Eines Tages könnte es Sie berühmt machen. Mit Ihrem ganz persönlichen Talent könnten Sie es bis an höchste Stellen schaffen, vielleicht treten Sie eines Tages sogar vor einen König, und Sie können all diesen wichtigen Leuten auf Augenhöhe begegnen. Wenn Sie Ihre Berufung in Jesus Christus erkennen und entsprechen handeln, werden Sie erfolgreich sein, denn dies ist ein Versprechen Gottes: „Siehst du einen Mann, der gewandt ist in seinem Geschäft — vor Könige wird er hintreten, er wird nicht vor Niedrige hintreten." (Sprüche 22, 29) Der Herr wird Sie mit allem ausstatten, was Sie brauchen, um seinen Plan zu erfüllen. Er kann dafür sorgen, dass die einflussreichsten Menschen Sie als ebenbürtig ansehen. Gottes Geschenk ist dazu da, Ihnen Erfolge zu verschaffen. Wie also können Sie mit Ihrer Berufung diese wahre Größe erlangen? Wie können Sie Ihren Platz im Leben finden? Gottes Geschenk ist die Antwort und die wirksamste Lösung auf Ihre Bedürfnisse, Probleme und Umstände, denn mit diesen Talenten dienen Sie nicht nur sich selber, sondern auch anderen Leuten und ihren Bedürfnissen. Wenn Sie zum Beispiel ein Schneider sind: Fertigen Sie Kleider, um anderer Leute Bedürfnisse zu befriedigen! Wenn Sie ein Manager sind: Dienen Sie Ihren Angestellten und Ihrem Chef, indem Sie gute Entscheidungen treffen! Egal, ob Lehrer oder Prediger, egal, was Ihre Beschäftigung ist - es geht immer darum, anderen Leuten so gut wie möglich zu dienen. Und genau das ist das große Geheimnis: Im Dienen liegt der Schlüssel zu unserer höheren Bestimmung. Dienen Sie, so gut Sie können.

ANDEREN DIENEN

Was machte Jesus Christus zur wichtigsten Person, die in die Welt kam? Er gab Antworten auf die lang gehegten Fragen der Menschheit. Anders als die falschen Kräfte der damaligen Zeit war er sich nicht zu fein, zu erklären, der Hauptgrund seines Kommens sei, den Menschen zu dienen. Er sagte: „Ich bin... das Leben" (Johannes 14, 6). Er sagte nie: „Ich bin Jesus." Wenn er von sich selber redete, bezog er sich immer auf die Berufung durch seinen Vater, der bestimmte, was er tat. Große Menschen werden groß, weil Sie die Probleme anderer Menschen erkennen und ihnen Antworten bieten.

Als nicht perfekte Lebewesen liegt unser Problem darin, zu vielen Zwängen ausgesetzt zu sein. Unser irdischer Lebensstil veranlasst uns dazu, unsere natürlichen Gefühle unterdrücken.

Oft zögern wir, unsere wahre Berufung auch nur zu äußern, aus Angst, verspottet zu werden. Trotzdem sollten wir nicht zögern, dies zu tun, denn jeder von ist in der Lage, das Problem eines anderen zu lösen. Bestimmte säkulare Berufe wie zum Beispiel Arzt, Anwalt, Psychiater etc. sind so beliebt, weil sie sich der Bedürfnisse und Nöte anderer Menschen annehmen. Menschen, die in solchen Berufen arbeiten, verdienen normalerweise mehr Geld, weil sie mehr Lösungen anbieten. Der sicherste Weg zu wahrer Größe führt also über das Dienen. Es ist wichtig, sein Leben auf dem Prinzip der Nächstenliebe aufzubauen. Wenn Sie das beherzigen, wenn Sie anderen Leuten dienen, werden Sie erfolgreich und groß werden. Indem Sie anderen Menschen dienen, dienen Sie auch sich selber. Vielleicht wird Ihr Dienen dazu führen, dass es in Zukunft noch mehr Anwälte gibt oder dass Sie Anstöße des Dienens geben, die von anderen aufgenommen werden. Ihre Dienste sind das Produkt, das Sie anderen Menschen anbieten. Je mehr Menschen Sie dienen, desto bekannter werden Sie. Wenn Sie also zehn Leuten dienen, sind Sie nur zehn Leuten bekannt. Wenn Sie ein Auto für zehn Menschen produzieren, so kennen nur zehn Leute Sie. Wenn Sie aber den Menschen dienen, indem Sie Hunderttausende neuer Autos produzieren, und die technischen Merkmale verbessern, werden Hunderttausende von Menschen Sie kennen. Und genau das unterscheidet einen erfolgreichen Menschen von einem großen Menschen. Jemand, der zehn Autos produziert ist erfolgreich; aber derjenige, der eine Million Autos produziert, ist nicht nur erfolgreich, sondern groß. Er oder sie ist mehreren Menschen bekannt und kann mehr Geld ausgeben, hat mehr Kunden und wird von mehr Menschen bewundert. Das ist Größe.

Dabei ist es aber wichtig, dass unsere Nächstenliebe ehrlich ist. Unehrliche ‚Nächstenliebe' hat keinen Bestand. So war beispielsweise kein Diktator eines kommunistischen Landes in der Lage, ohne die Unterstützung der Menschen seine Machtstellung auf Dauer zu erhalten. Im Streben um Macht mussten sich die Kommunisten auf die Massen als Unterstützer berufen können, sie waren angewiesen auf das Proletariat. Aber sie waren nicht ehrlich zu ihnen. Sie haben sie betrogen. Einige haben sie in hohe Ämter berufen, andere haben sie erniedrigt und eingeschüchtert. Darum konnten sie sich auch auf lange Sicht nicht halten. Keiner wird auf dieser Erde erfolgreich sein, wenn er nur für sich lebt.

Wenn Sie sich dazu entscheiden, die Bedürfnisse und Probleme anderer Leute ernstzunehmen und ihnen zu dienen, werden Ihre Möglichkeiten grenzenlos sein und Sie können sich der Aufgabe auf vielfältige Weise nähern. Wenn Sie Ihre Dienste anbieten und helfen, ohne Geld oder Belohnungen dafür zu erwarten, werden Ihnen die Menschen Liebe und Respekt entgegenbringen. So sind Sie auch ohne Lohn mit Ihrer Arbeit erfolgreich, denn Sie dienen den Menschen.

Stellen Sie sich vor, Ihr Einkommen ist sehr bescheiden und daher ist es Ihnen nicht möglich, anderen finanziell unter die Arme zu greifen. In diesem Fall können Sie den Menschen auf andere Weise dienen. Es gibt beispielsweise viele Menschen, die unter spirituellen, emotionalen und mentalen Problemen leiden. Wenn Sie ihnen helfen, gute Lösungen zu finden, wird Sie dies glücklich machen und erfüllen. Es gibt keinen größeren Erfolg!

Aber bevor Sie damit beginnen, anderen zu helfen, müssen Sie beten und darüber nachdenken, welche Art von Dienst Sie anbieten können. Wenn Sie beispielsweise meinen, Ihre Berufung bestünde darin, ein Geschäft zu betreiben, sollten Sie sorgfältig analysieren, welche Services oder Waren besonders nachgefragt sind. Bieten Sie den Menschen an, was Sie ihnen gemäß Gottes Willen geben sollen.

Nehmen wir an, Sie möchten Ihr Wissen und Ihre Erfahrung bei der Lösung spiritueller Probleme anbieten. Um dies tun zu können, müssen Sie zunächst herausfinden, was die Menschen brauchen und suchen. Ist es Buße? Heilung? Finanzieller Erfolg? Wenn Sie wissen, welche Art Service Sie anbieten können (vielleicht in Form eines Berufs wie Pastor, Arzt oder Finanzberater), sollten Sie als Nächstes prüfen, mit welchen Menschen Sie zu tun haben werden. Schauen wir uns daher im Folgenden die drei möglichen Kategorien an Menschen an. Zur **ersten** Gruppe gehören jene, die wissen, dass sie Sie brauchen. Zur **zweiten** Gruppe gehören jene, die noch nicht wissen, was sie suchen und dass Sie und Ihre Talente das sind, was sie brauchen und was ihnen in schwierigen Situationen Kraft gibt. Viele, die Jesus Christus zuhörten, wussten nichts von seinen göttlichen Kräften. Daher erzählt der Apostel Matthäus (4, 23-24), dass Jesus von Dorf zu Dorf und von Stadt zu Stadt ging, dass er die Gute Botschaft in Synagogen predigte, den Kranken und Schwachen Heilung brachte.

Da die meisten Menschen von Ihnen und Ihrem besonderen Hilfsangebot nicht wissen, sollten Sie so handeln, wie Jesus es tat. Gehen Sie zu den Menschen hin, bieten Sie sich als die Lösung ihrer Probleme an.

Viele Gläubige sind sehr zurückhaltend und einfach zu bescheiden, um andere auf ihre spirituellen Fähigkeiten aufmerksam zu machen, die ein Geschenk Gottes sind. Sie denken, Gott würde dies für sie tun. Aber das ist nicht richtig. Sie berauben sich selbst der Chance, für andere ein Segen zu sein und große Taten zu vollbringen. Die Bedürfnisse anderer Leute zu stillen kann man sehr erfüllend sein. Nehmen Sie sich also nicht zu sehr zurück, zeigen Sie anderen Ihre Geschenke und machen Sie sie bekannt. Ich rede hier in der Tat von Werbung. Wenn es darum geht, Menschen in Predigten anzusprechen, so können Sie Ihre Geschenke, Ihre Talente, Ihre Dienstleistungen bewerben. Bieten Sie in der einen oder anderen Form Hilfe an, zunächst ohne dafür Geld zu erbitten. Wenn Sie Gutes getan haben, wird man Ihre Bemühungen mit Sicherheit zu schätzen wissen. Aber natürlich muss jeder individuell entscheiden, wie er anderen helfen kann und möchte.

Die **dritte** Gruppe besteht aus Menschen, die umgekehrt Ihnen selber nützlich sind. Sie besitzen salbungsvolle Weisheit und Kenntnisse, die helfen. Einige Christen meinen, lediglich beten zu müssen, wenn Sie Hilfe benötigen. Sie wollen andere Menschen nicht um Hilfe bitten müssen, aber ich denke, das ist so nicht richtig. Natürlich müssen wir uns zunächst an Gott wenden und beten und erst dann von anderen Leuten Ratschläge annehmen. Wenn Sie aber nur beten und ignorieren, was Ihre Verwandten oder Freunde sagen, werden Sie vielleicht viele gute Möglichkeiten verpassen. Ein erfolgreicher Mensch hält grundsätzlich auch nach Leuten Ausschau, die ihre Weisheit, Lebenserfahrungen und Talente weitergeben. Alles, was Sie brauchen, wurde bereits in die Hände von anderen gelegt.

Wenn Sie Ihr Talent zum Dienste an den Mitmenschen verwenden, werden Sie von Gott gesegnet sein und erfüllen das höchste Gebot der Liebe (Lukas 10, 27): Liebe Gott und Deinen Nächsten.

Manchmal sehen wir ein Gebot als etwas an, was unsere Handlungsfreiheit einschränkt. Aber das ist nicht die richtige Sichtweise. Gottes Gebote sind ein Geschenk und ein Segen für uns. Sie sind gemacht, um allen zu helfen, die sie einhalten, und sie helfen uns als Individuum dabei, einzigartig zu sein. Das Gebot der Liebe wurde uns gegeben, damit wir spirituelle und physikalische Erfüllung zu finden. Daher sollten Sie dem Beispiel Jesu folgen. Wenn Ihre Liebe für Menschen wahrhaftig ist, werden Sie mit Ihrem spirituellen Geschenk so viele unerrettete Menschen wie möglich erreichen wollen. Darum war Jesus auch nie länger an einem Ort. Obwohl er gebeten wurde, zu bleiben, antwortete er, dass er andere Städte besuchen müsse und er sandte seine Jünger zu zweit dorthin, wo er nicht sein konnte. Das Predigtamt ebenso wie jede andere Arbeit ist nicht dazu da, Geld zu verdienen, sondern um seiner Berufung zu folgen. Arbeiten Sie nicht nur für Geld und Lohn, dann wird Ihre Mühe gesegnet sein. Ihre Arbeit sollte nicht ausschließlich die Quelle materieller Segnungen sein. Ihr erstes Ziel in Bezug auf die Arbeit sollte der Dienst am Menschen sein. Wie bei Jesus muss der Wunsch, den Menschen zu dienen das Hauptmotiv Ihrer alltäglichen Arbeit sein - und nicht die materielle Entlohnung. Das Hauptziel Ihres Predigtamts oder Ihrer Arbeit ist es, Ihrer Berufung nachzugehen und nicht, Geld zu verdienen. Wenn Sie versuchen, so viele Menschen wie möglich zu erreichen, erfüllen Sie den Willen des Vaters. Jesus opferte sein Leben dafür. Aber er eroberte die ganze Welt.

WAS KÖNNEN SIE ANBIETEN?

Ich hoffe, Sie wissen jetzt, warum es beim Dienen und bei der Arbeit nicht in erster Linie darum geht, Geld zu verdienen, sondern darum, einer Berufung zu folgen. Wenn Sie dies tun, werden Sie Erfüllung finden.

Jesus hatte der Welt wichtige Dinge anzubieten: Frieden, Wahrheit und ein ewiges Leben – um nur Einiges zu nennen. Was haben Sie zu bieten? Sie haben unserer Welt viel zu bieten, vielleicht mehr als Sie meinen. **Zunächst** haben Sie Ihre eigenen Erfahrungen, die Sie nach Gottes Willen im Laufe Ihres Lebens sammeln konnten. Vielleicht denken Sie, es war ein tragisches Unglück und nicht gut, dass Sie von einer Alkoholikerin oder von einem drogenabhängigen Vater aufgezogen wurden. Vielleicht wuchsen Sie unter anderen schwierigen Verhältnissen auf. Vielleicht war Ihre Kindheit schwierig, aber dank der Härten, die Sie ertragen mussten, haben Sie ein Wissen erworben, das unbezahlbar ist, und das für jene, die sich in denselben harten Situationen befinden, eine große Hilfe darstellt. Kennen Sie die Geschichte von Joyce Meyer (eine sehr bekannte christliche Autorin und Evangelistin)? Ihr Vater missbrauchte sie ab dem Kleinkindalter bis sie älter wurde. Und trotzdem ist sie heute eine der besten Predigerinnen der Welt, denn indem sie ihre Lebensgeschichte erzählt, bietet sie Menschen eine Medizin an, die sich in ähnlichen Situationen befunden haben.

Zweitens können Sie der Welt wertvolle Erfahrungen anbieten, die Sie aufgrund Ihrer Fehler und Fehltritte sammeln konnten. Vielleicht sind Sie zum zweiten oder dritten Mal verheiratet. Es kann helfen, wenn Sie Scheidungswillige beraten oder jene, die in ihrer Ehe unglücklich sind. Ihre Tragödien und Fehler können anderen helfen, wenn Sie ihnen davon erzählen, welche Lehren Sie aus diesen Fehlern gezogen haben. Sie können ihnen vermitteln, warum Sie bestimmte Dinge nicht gutheißen, die Sie getan haben, bevor Sie 21 waren - Dinge, die in Abtreibung oder in Prostitution endeten. Sie werden sich öffnen und sagen: „Hör mal, mir erging es genauso wie dir und darum hat mein Wort Wert für dich. Ich bin durch all das gegangen, was du im Moment durchlebst. Ich kann dir helfen, denn ich habe dieselben Fehler gemacht und ich war in denselben Schwierigkeiten und ich kann dir den Reichtum meiner Erfahrungen anbieten." Die Erfahrungen, die Sie anderen Menschen vermitteln können, sind dazu da, anderen aus ihren jeweiligen Problemsituationen zu helfen. Ihre Erfahrungen könnten sich also für andere als Reichtum erweisen. Sie werden zur Leistung, zur Ware, die Sie anderen anbieten können, sie bringen ihnen Segen und Zufriedenheit.

Drittens können Sie Ihre Lebenserfahrungen bei der Überwindung von Finanzproblemen, Ehebruch oder anderen Problemen einbringen. Sie könnten ein Programm für Menschen anbieten, die unter diesen Problemen leiden und nicht wissen, wie sie damit umgehen sollen. Letztlich hat jeder von uns etwas anzubieten, was anderen als Medizin für ihre Schmerzen dient. Und dies ist der zuverlässigste Weg, die Welt für Jesus Christus zu gewinnen. Ihre Siege sind auch Ressourcen, die man der Welt anbieten kann.

Und **zu guter Letzt**: Das wichtigste Geschenk, das Sie der Welt machen können, ist die Erlösung. Sie wurden errettet, Millionen Menschen sind es aber noch nicht. Sie können ein Predigtamt einrichten, um verlorene Seelen zu Gott zu führen. Viele Menschen wissen gar nicht, welch unbezahlbare Gaben sie besitzen. Beginnen Sie, Ihre zu sehen? Wenn sich nichts bewegt, werden andere nichts von Ihren Gaben erfahren, sie bleiben ungenutzt und damit nutzlos. Verbergen Sie den Reichtum nicht, der Ihnen von Gott gegeben wurde. Sie können Glück, Frieden und Erfüllung finden, wenn Sie die Menschen lieben und ihnen mit dem dienen, was Gott Ihnen gab. Das gereicht dem Herrn zur Ehre. Es kann auch Ihnen letztlich Ruhm und Erfolge bringen, denn bei Gott ist nichts unmöglich. Also erzählen Sie der Welt von sich, wie Jesus es getan hat – seien Sie grundsätzlich bereit, hinauszugehen in die Welt zu den Verletzten und Bedürftigen. Machen Sie ihnen deutlich, dass Sie die Lösung ihrer Probleme kennen. Sie können viele Menschen aufrichten und zu neuem Leben führen.

Vergessen Sie nicht, dass Sie den Reichtum, der Ihnen von Gott geschenkt wurde, nicht vor anderen verbergen dürfen.

Ob Sie es glauben oder nicht: Gott hat Ihnen das Leben geschenkt, weil jemand auf Ihren Reichtum, Ihre Lebenserfahrung und Ihren Dienst angewiesen ist. Enttäuschen Sie Gottes Erwartungen an Sie nicht. Wenn Sie anderen nicht dienen, leben Sie ein leeres, nutzloses Leben, egal wie erfolgreich Sie im Sinne von weltlichen Werten sind. Wäre es nicht gut, dieses Wort vom Herrn zu hören, nachdem Sie Ihre Berufung erfüllt haben: „Du bist willkommen, im Herrn zu ruhen, Du treuer und guter Diener."

Kapitel 3

Die nötige Weisheit für die Umsetzung von Lebenszielen

Was tun Sie, wenn Sie wissen, welches Talent Sie der Welt anbieten können – worin besteht der nächste Schritt? Im Folgenden erhalten Sie vier Tipps, die Ihnen bei der Umsetzung Ihrer Ziele helfen.

Tipp Nr. 1: Schreiben Sie alles, was Gott Ihnen eröffnet, in ein Notizbuch.

Notieren Sie, welche Pläne und Ziele Gott für Ihr Leben vorsieht. Notieren Sie, wie diese Ziele nach seinem Willen zu erreichen sind. Schreiben Sie Beobachtungen auf: Was fällt Ihnen in Bezug auf das Leben und hinsichtlich der Menschen in Ihrer Umgebung auf?

Und der HERR erwiderte mir und sprach: Schreib die Vision auf, und zwar deutlich auf die Tafeln, damit man es geläufig lesen kann. (Habakuk 2, 2)

Es gibt einen Unterschied zwischen ansehen und sehen; Sie können sich selbst zum Beispiel als ein Geschiedener oder ein armes, vaterloses Kind ansehen, aber es ist etwas anderes, sich so zu sehen, wie Gott Sie sieht. Im oben genannten Bibelwort geht es um eine göttliche Vision, die uns Einblicke in die Zukunft gewährt: Wie werden wir in Zukunft sein? Was hält Gott für unser Leben bereit? Im ersten Teil werden wir aufgefordert, alles niederzuschreiben, was Gott für unser Leben plant. Sie können sich selbst als ein außergewöhnlicher Unternehmer ansehen (oder als etwas anderes, was Gott Ihnen eröffnet hat). Entwickeln Sie einen klaren und detaillierten Plan Ihrer künftigen Vorgehensweise. Wenn Gott wirklich will, dass Sie Unternehmer werden, fragen Sie ihn, in welchem Geschäft Sie agieren können, welche Art von ‚Produkt' Sie den Menschen anbieten können. Die Auswahl an Geschäftssegmenten ist breit gefächert: Verleger, Schuhe, Kleidung, Bauwesen, und so weiter. Vielleicht liegen Ihre Interessen in der Kunst. Um in Ihrem Beruf erfolgreich zu sein, müssen Sie fleißig sein und viel lernen. Sie müssen sich viel Wissen aneignen – in säkularen Büchern erwerben Sie alle notwendigen Kenntnisse für Ihre Aufgaben und in der Bibel lesen Sie über Ihre Berufung und was Gott Ihnen in seiner großen Weisheit dazu vermitteln möchte.

Ich persönlich weiß: Gott will, dass ich fünf Millionen Ukrainer für den Herrn gewinne. Ich habe seine Vision niedergeschrieben und mache mich jetzt daran, sie zu erfüllen. Ich werde predigen und Kirchen bauen, ich werde die Leute zur Buße bewegen, Jünger ausbilden und Missionare in alle Regionen der Welt aussenden. Und das ist noch nicht alles. Gott hat noch weitere Aufgaben für mich vorgesehen und auch die schreibe ich nieder.

Ohne Zweifel hält Gott auch für Sie einen interessanten Plan bereit. Aber das Bibelwort ist unmissverständlich: Wenn Sie seine Pläne nicht niederschreiben, werden Sie sie nicht bestmöglich erfüllen können. Wenn Sie hingegen Gottes Visionen für Ihr Leben aufschreiben, wird dies Ihr Leben disziplinieren. So werden verantwortungsvoller und präziser in dem, was Sie tun. Selbst wenn Sie meinen, Sie kennen den Zweck Ihres Lebens – betrachten Sie ihn als unbekannt. Erst wenn Sie ihn niedergeschrieben sehen, ist er Ihnen wirklich bekannt. Solange ein Ziel und Zweck nicht schriftlich fixiert wird, geistert er nur vage und unklar in Ihrem Kopf herum. Indem Sie Ihr Ziel sichtbar machen, können Sie Ihren Aktivitäten eine Richtung geben und diese entsprechend organisieren.

Es gab in der Vergangenheit eine schwierige Phase in meinem Leben. Zu dieser Zeit bezichtigen mich die ukrainischen Medien aller möglichen Sünden. Ich hätte alles aufgeben und nach Amerika oder Afrika auswandern können.

Ich bezweifle keinen Augenblick, dass ich dort ein erfolgreicher Prediger geworden wäre und dem Druck hätte entfliehen können, unter dem ich in der Ukraine stand. Aber ich weiß, wozu ich berufen bin und wo Gott mich sehen will. Die Verpflichtung, seinen Plan umzusetzen, hat mich stark genug gemacht, jede Anfechtung durchzustehen. Umso besser Sie Gottes Plan kennen und umso mehr Sie ihm vertrauen, desto einfacher wird es sein, ihn treu zu erfüllen.

Vergessen Sie nicht, Ihr Ziel zunächst niederzuschreiben - erst dann dürfen Sie es als bekannt ansehen.

Ich kenne meine Berufung und darum ist es für mich von größter Bedeutung, ihr zu folgen und sich ihr ganz zu widmen. Wenn man auf ein bestimmtes Ziel hinarbeitet, gewinnt man die nötige Stärke, um Probleme und Anfechtungen zu überwinden. Wenn Sie konkrete Aufgaben und Pläne vor sich liegen haben, können Sie diese konzentriert umsetzen. Dabei sollten Sie, während Sie durch Ihre Aufzeichnungen blättern, immer an den Plan Gottes für Ihr Leben denken. Erfüllt von diesen Gedanken rufen Sie den Heiligen Geist im Gebet. Ich schlage folgende Vorgehensweise vor:

Wenn Sie leise Ihr Morgengebet sprechen, sollten Sie über alles nachdenken, was Gott Ihnen in Ihr Herz legt und Sie sollten über all das nachdenken, was Sie nach seinem Willen ausführen sollen. Wenn Sie als gläubiger Christ mit Geist erfüllt sind, wenn Sie in Zungen sprechen können, dann lassen Sie los, sprechen Sie in Zungen. Bei Gott werden Sie wunderbar geborgen sein. Während Sie in der Zeit des Nachdenkens in Zungen sprechen, wird der Heilige Geist Ihnen einige Ideen und ein Bild eingeben, und Sie werden sehen, in welcher Form Sie das, was Sie tun sollen, erfüllen können. Aber wundern Sie sich nicht: Gott wird Ihnen einige neue Ideen und Strategien vorschlagen, um Ihnen bei der bestmöglichen und wirksamsten

Erfüllung seines Plans zu helfen. Ich empfehle, in Bezug auf Ihre Berufung mindestens eine Stunde pro Tag in Zungen zu reden. Das Gebet im Geist ist wichtig, denn man weiß nie, welches Hindernis oder welche Anfechtung Ihnen auf Ihrem Weg zum Erfolg begegnen wird. Durch Ihr Gebet kann Gott für Sie handeln. Er wird Ihnen die Menschen senden, die Sie brauchen. Er wird seinen Engeln befehlen, Ihnen die Türen zu öffnen. Versuchen Sie während des Gebets, sich alle Pläne vor Augen zu führen, die schon erfüllt sind. Visualisieren Sie Ihr Ziele, Ihren Plan, haben Sie ein Bild vor Augen. Das wird Ihnen helfen, Ihre Ziele umzusetzen, egal unter welchen Umständen Sie agieren. Das lesen wir auch im Brief des Paulus an die Epheser:

Dem aber, der über alles hinaus zu tun vermag, über die Maßen mehr, als wir erbitten oder erdenken, gemäß der Kraft, die in uns wirkt, (Epheser 3, 20)

Wie Sie sehen: Wir selber profitieren vom Gebet. Was ich damit sagen will: Wenn wir beten, dienen wir nicht dem Herrn, wir helfen nicht Gott. Im Gebet werden wir zu Gottes Arbeits-‚Kollegen'. Indem wir Gott im Gebet suchen, weil wir ein Anliegen oder einen Wunsch für unser Leben haben, geben wir Gott die Möglichkeit, zu wirken und seine Wünsche für unser Leben zu erfüllen. Wenn wir also für uns beten, bestätigen wir, dass nicht Gott von unserem Gebet profitiert, sondern allein wir selber. Unsere Gebete sind für uns gedacht, nicht für ihn. Für Gott braucht man nicht zu beten. Unsere Gebete sollen unser Leben hier auf Erden bereichern und erleichtern. Ich erwähne dies, weil meist niemand kommt, wenn wir den Mitgliedern unserer Kirche Gebetstreffen anbieten... Wahrscheinlich meinen alle, dass dies Gebet für die Kirche gedacht ist. Ganz offensichtlich wird vergessen, dass man sich selber segnet, wenn man betet. Man betet für sein eigenes Schicksal und wird gesegnet. Daher ist es von Vorteil und besonders wertvoll, wenn wir im Gebet Zeit mit Gott verbringen. Und Gott wartet auf unser Gebet, denn er möchte eigentlich so viel mehr für uns tun.

Er will viel mehr geben, als wir überhaupt wagen, zu erbitten oder auch nur zu denken. Und so erlaubt unser Gebet, dass Gott in unserem Namen handelt.

Vielleicht können Sie heute noch nicht sagen, dass Sie eine wichtige Position bekleiden oder besonders beliebt sind. Aber seien Sie nicht enttäuscht: Sie müssen zunächst lernen, sich auch über kleine Errungenschaften zu freuen. Jeder Schritt, der uns der Umsetzung unseres Plans näher bringt, ist wichtig. So bin ich zum Beispiel überhaupt nicht beunruhigt darüber, dass ich mein Ziel noch lange nicht erreicht habe, das darin besteht, fünf Millionen Ukrainern die Heilung zu bringen (bislang wurden durch mein Predigtamt erst Zwanzigtausend errettet). Die Buße einer einzigen Person macht mich glücklich und signalisiert mir, dass ich mich in die richtige Richtung bewege. Ich weiß, dass er, der in mir wohnt, noch viel mehr bewirken kann. Ich bete, dass Gott ein Wunder vollbringt. Ich sage und weiß, dass es (nach seinem Wort) eines Tages geschehen wird. Ich bin mir außerdem sicher, dass irgendwann die Zwanzigtausend sogar zu Millionen werden.

Ich weiß auch, dass alle, die sich nicht die Zeit nehmen, um ihre Zukunft zu planen, damit ihr Versagen planen! Auch Ihre Träume werden eines Tages wahr werden, da bin ich mir sicher. Aber nur, wenn Sie sich die Zeit nehmen, um Ihre Ziele und Pläne niederzuschreiben, zu beten und jeden Tag sein Wort zu lesen, können Sie davon ausgehen, dass Ihre Bemühungen bald Früchte tragen. Eine sorgfältige Planung führt immer zu Erfolg, aber jene, die sich dafür nicht die Zeit nehmen, werden langfristig scheitern.

DAS WICHTIGSTE ZUERST

Tipp Nr. 2 steht geschrieben im Brief an die Philipper (3, 13-14):

Brüder, ich denke von mir selbst nicht, es ergriffen zu haben; eines aber: Ich vergesse, was dahinten, strecke mich aber aus nach dem, was vorn ist, und jage auf das Ziel zu, hin zu dem Kampfpreis der Berufung Gottes nach oben in Christus Jesus.

Um ihr Ziel zu erreichen, müssen Sie einen Tagesplan entwickeln, in dem das Gebet an erster Stelle steht. Bitten Sie den Herrn im Gebet um Weisheit, und planen Sie genug Zeit für alles, was Sie für den jeweiligen Tag vorgesehen haben. Wenn Sie Ihren Tag planen, sollten Sie alle Aufgaben, Probleme, Erwägungen oder Maßnahmen gemäß ihrer Dringlichkeit bzw. in der Reihenfolge ihrer Bedeutung aufführen, und Sie sollten sich versichern, an alles gedacht zu haben. Wenn Sie einem solchen Tagesplan folgen, sehen Sie sofort, was als Erstes erledigt werden muss. Ich beginne meinen Arbeitstag mit dem Lesen meiner Notizen. Manchmal finde ich Einträge, die nichts mit meinem Leben und meiner Berufung zu tun haben. Oft erlauben wir dem Teufel und den weltlichen Problemen, unsere Pläne zu durchkreuzen. Wir sollten aber in jedem Fall versuchen, dies zu unterbinden, denn wir sind von Gott erwählt und unser Leben ist ihm wertvoll. Machen Sie sich an die Arbeit und nehmen Sie Ihr Schicksal ernst. Beginnen Sie damit, eine Liste zu erstellen, in der Sie alles aufführen, was Sie an dem jeweiligen Tag erledigen müssen. Dann schreiben Sie die Punkte geordnet nach Wichtigkeit auf. Das hilft Ihnen, zunächst die wichtigsten Dinge und dann die weniger wichtigen Dinge zu erledigen. Desweiteren sollten Sie eine Liste erstellen, welche die Prioritäten Ihres Lebens aufzeigt, ordnen Sie diese nach ihrer Bedeutung und behalten Sie dabei stets im Kopf, dass Ihre Beziehung zu Gott an erster Stelle steht. Für mich ist es am wichtigsten, Zeit mit Gott zu verbringen. Jeden Morgen verbringe ich eine gewisse Zeit im Gespräch mit dem Herrn. Ich bin noch nie aus dem Haus gegangen, ohne mehrere Stunden gebetet zu haben. Konferenzen, Predigten, die täglichen Pflichten in einer Kirche und der Empfang von Besuchern – das alles steht erst nach meinem persönlichen Gespräch mit Gott. Die Tageszeit und der Zeitaufwand mag für

Sie anders aussehen als bei mir, wichtig ist, dass Sie diesen Punkt nicht übersehen.

Meine zweite Priorität ist meine Familie – meine Frau und Kinder. Egal wie eilig andere Dinge auch erscheinen mögen – erst, nachdem ich genügend Zeit mit meiner Familie verbracht habe, werde ich mich diesen anderen Dingen zuwenden.

Mein Ziel, das Predigtamt und meine Berufung sind auf meiner Prioritätenliste an dritter Stelle zu finden. Jeden Monat widme ich eine Woche nur dem Herrn. Es ist keine streng festgelegte Zeit, also zum Beispiel nicht unbedingt die erste oder die zweite Woche eines jeden Monats. Der Zeitpunkt kann von Monat zu Monat variieren. Ich verbringe diese Woche mit Bibellesen, beten, fasten, und nachdenken über das Wort Gottes. Selbstverständlich kann ich während dieser Zeit keinerlei Alltagsaufgaben in der Kirche übernehmen und widme mich ganz dem Herrn.

Ich möchte nochmals die Bedeutung einer effizienten Zeitplanung betonen. Sie müssen Prioritäten festlegen, sie in eine vernünftige Ordnung bringen und diese strikt beachten. Für mich steht an erster Stelle der Herr, an zweiter Stelle meine Familie und an dritter Stelle mein Amt. Also plane ich meine Zeit entsprechend. Und nun lassen Sie mich Ihnen den Schlüssel für eine erfolgreiche Organisation Ihres Lebens an die Hand geben: Erstellen Sie eine Liste mit dem, was Ihnen am meisten am Herzen liegt für Ihr Leben, vielleicht gibt es drei bis fünf Dinge, die Ihnen am wichtigsten sind und die Sie in Ihrem Leben noch machen wollen. Wenn Sie eine solche Liste erstellt haben, erledigen Sie die Punkte in der Reihenfolge ihrer Wichtigkeit, planen Sie für die wichtigsten Dinge am meisten Zeit und für die weniger wichtigen Dinge weniger Zeit ein. Dank einer sorgfältigen Planung meines Arbeitstages habe ich genügend Zeit, um weitere Dinge zu tun und noch andere Orte zu besuchen. Wenn Sie alles gut planen – geordnet nach Prioritäten – haben Sie normalerweise für alles Zeit. Mein Leben folgt einem Plan, was bedeutet, dass ich genügend Zeit habe für den Herrn, meine Familie und mein Priesteramt. Machen Sie es sich zur Regel, nicht später als sieben Uhr abends nach Hause zu kommen. An drei Tagen in der Woche bin ich nicht später als sieben Uhr abends zu Hause, damit ich mit meinen Kindern spielen und Zeit mit meiner Frau verbringen kann. An vier Tagen in der Woche komme ich erst gegen zehn Uhr abends wieder – aber niemals später als elf Uhr nachts, wenn ich wichtige Abende in der Kirche oder Termine in der Stadt wahrnehmen muss. Eine solche Planung macht sowohl meine Familie als auch alle anderen glücklich.

Was mein Priesteramt betrifft: Auch hier setze ich Prioritäten. Obwohl ich oft eingeladen werde, außerhalb der Ukraine zu predigen, widme ich der Kirche in Kiew meine besondere Aufmerksamkeit. Die Aufgaben in der Kirche bedürfen ebenfalls einer sorgsamen Planung. Die Arbeit mit den Pastoren hat höchste Priorität und danach bespreche ich den Tagesplan mit meinen Assistenten. Dann empfange ich die Leiter der von der Kirche organisierten Programme und Gemeindemitglieder.

Wenn Sie Ihre Prioritäten nicht korrekt planen, wird es für Sie schwierig sein, Gott ein guter Diener zu sein, oder Erfolge zu erzielen. Sie können alles zu Ihrer ersten Priorität machen, aber entspricht dies dem Plan Gottes für Ihr Leben? Eine vernünftige Balance muss bei allem, was Sie tun, erhalten bleiben. Wenn diese Balance nicht stimmt, kann sich das negativ auf Ihr Leben auswirken. Dafür gibt es genügend Beispiele. So können Pastoren von großen Kirchgemeinden Kinder haben, die drogenabhängig sind oder nicht an Gott glauben. Häufig entstehen diese Probleme, weil die Prioritäten falsch gesetzt wurden. Diese Pastoren sehen ihre Berufung wahrscheinlich als ihre erste Priorität an und vielleicht fällt ihnen noch nicht einmal auf, was sie getan haben. Sie reisen vielleicht um die Welt, predigen in anderen Ländern, genießen Respekt und Popularität, während ihre Familie und vielleicht sogar ihre Kirche kurz vor dem Zusammenbruch stehen.

Sie müssen sicherstellen, dass Gott in Ihrem Herzen immer an erster Stelle steht. Vier Dinge sollten für Sie oberste Priorität haben, weil Sie die Entwicklung von guten Gewohnheiten ermöglichen: Beten, das Wort Gottes sowie christliche Bücher lesen und Kassetten mit Predigten hören. Dies sind die unabdingbaren Voraussetzungen, die Sie erfüllen müssen, wenn Sie ein guter Christ werden wollen. Auch der regelmäßige Besuch des Gottesdienstes muss zur Gewohnheit werden.

Wenn Ihre zweite Priorität Ihre Familie ist, schlage ich vor, dass Sie eine Reihe von Regeln einführen, an die Sie sich strikt halten. So wie ich es mir zur Regel gemacht habe, nicht später als sieben Uhr abends nach Hause zu kommen. Als Familie unternehmen wir viele Dinge zusammen, wir spielen und kaufen gemeinsam ein, um nur Einiges zu nennen.

Auch Ihre Arbeit sollte sorgfältig geplant werden. Sie sollten sich ständig weiterbilden, und sich neues Wissen aneignen. Dafür werden Sie im Gegenzug reich gesegnet werden. Ich habe mir zum Beispiel ein autodidaktisches Programm entwickelt Dies sieht vor, dass ich jede Woche ein Buch lese und mir Kassetten mit Botschaften anhöre. Sie können meinem Beispiel folgen oder Ihr eigenes Programm erstellen; vielleicht wollen Sie ein Buch pro Woche oder pro Monat oder zwei Bücher pro Monat lesen oder Sie wollen vielleicht eine oder zwei Botschaft pro Woche hören. Indem Sie sich ständig weiterbilden, bleiben Sie bei den neuesten Erkenntnissen und Errungenschaften auf dem Laufenden. Sie versorgen sich mit neuen Informationen, die Ihre Kenntnisse und Talente im Bereich Ihres Berufs vertiefen und aktualisieren und die Entwicklung Ihrer Persönlichkeit vorantreiben. Ihr Leben wird erfüllt sein mit einem besonderen Sinn und mit Frieden. Ihr Priesteramt wird Früchte tragen. Die effiziente Ordnung Ihrer Prioritäten wird verhindern, dass Ihr Leben und Ihre Arbeit im Chaos enden.

Ich kann dies alles mit Sicherheit sagen, denn ich habe das Unheil im Leben anders/nicht organisierter Menschen gesehen. So besuchte ich einst einen sehr reichen Mann, der in politischen Kreisen viel Einfluss hat. Er erzählte mir seine Geschichte. Sein Geschäft brachte ihm Millionen von Dollar, aber es nahm ihm jegliche freie Zeit, und er sah seine Frau und seine Kinder kaum noch. So kam es, dass seine Ehe in die Brüche ging und er verzweifelte. Ein Mann, der für Tausende von Mitarbeitern Verantwortung trug, saß vor mir und heulte wie ein Kind. Ich erklärte ihm den Grund seines Unglücks. Ich sagte ihm, dass seine Unfähigkeit, die wichtigsten Dinge an erste Stelle zu setzen, seinen Geschäftserfolg zunichtemachte, und sein persönliches Leben ins Versagen stürzte. Gott sei gedankt für diesen Mann! Er schenkte Gott sein Leben und wurde errettet, seiner Familie geht es jetzt gut, aber das war erst möglich, als er lernte, seine Prioritäten effizient zu organisieren. Ganz im Ernst: Ich bin immer wieder erstaunt, wie viele Menschen ihr persönliches Glück für Reichtum und Popularität opfern. Einige Menschen feiern in einer Sache Erfolge, vernachlässigen alles andere aber völlig. Niemand sollte sich erlauben, die Wahrheit der Schrift zu ignorieren. Wenn Sie ein gottloses Leben führen, bringen Sie sich um Glück, Frieden und Freude – und langfristig gesehen können Sie sogar Ihr Leben verlieren. Ein Leben ohne Gott ist ein trauriges und sinnloses Abenteuer. Wenn Sie Gottes Prinzipien ablehnen, verlieren Sie zunächst den Frieden in Ihrem Herzen, dann Ihre Rechtschaffenheit und letztlich werden Sie feststellen müssen, dass Sie alles verloren haben. Darum muss Gott an erster Stelle stehen. Sie können ohne ihn kein erfolgreiches Leben führen.

„ALLES HAT SEINE ZEIT"

Tipp Nr. 3: Unter keinen Umständen sollten Sie sich mit zu vielen Verpflichtungen und Versprechungen überladen.

Lasst ab und erkennt, dass ich Gott bin; ich werde erhöht sein unter den Nationen, erhöht auf der Erde. (Psalm 46, 10)

Es ist ratsam, nicht zu viele Verpflichtungen einzugehen, weil Sie andernfalls nicht genug Zeit und Kraft haben werden, diese zu erfüllen. Falls Sie zu viele Verpflichtungen haben, rate ich Ihnen, mit jenen Zielen, Plänen oder Problemen anzufangen, die am dringlichsten sind.

Sie müssen lernen, wie man zwischen dringenden Aufgaben und solchen unterscheidet, die warten können. Mit anderen Worten: Sie müssen lernen, Ihre Zeit so effizient wie möglich einzuteilen, denn: „Für alles gibt es eine bestimmte Stunde. Und für jedes Vorhaben unter dem Himmel gibt es eine Zeit." (Prediger 3, 1)

Bei der Planung Ihrer täglichen Aufgaben konzentrieren Sie sich bitte auf jene Aufgaben, für die Sie genügend Zeit und Stärke aufbringen können. Planen Sie nicht mehr ein, als Sie handhaben können. „Alles, was deine Hand zu tun findet, das tue in deiner Kraft!" (Prediger 9, 10) Eine Aufgabe, die Sie nicht gut erledigen können, sollten Sie lieber an eine andere Person delegieren. Denn wenn Sie darauf bestehen, es selber zu tun, werden Sie wahrscheinlich versagen und frustriert sein.

Wenn Sie Ihren Plan erstellt haben, können Sie ihn mit Freunden und Bekannten besprechen. Wählen Sie Menschen aus, die Ihnen etwas Wertvolles geben können, und denen Sie ebenfalls Hilfe anbieten können, denn sie sind Werkzeuge Gottes, diese Menschen werden Sie groß machen. Der Herr wird Ihnen Menschen schicken, welche über die finanziellen Mittel, die richtigen Verbindungen und Sonstiges verfügen, was Sie brauchen, um Ihre Ideen und Ziele auszuführen. Gleichzeitig werden Sie auf viele Menschen treffen, die Ihre spirituellen Kräfte, die Gott Ihnen zuteilwerden ließ, benötigen. Wir müssen ständig auf der Suche nach Menschen sein, denen wir dienen können. Menschen suchen grundsätzlich nach anderen Menschen: Politiker suchen nach Wählern, Schauspieler nach Publikum, Maler nach Kunstliebhabern und so weiter. Wenn Sie fühlen, dass Sie spirituelle Not lindern können, dann suchen Sie nach Menschen, die Sie brauchen, und helfen und trösten Sie sie. Vielleicht haben Sie an Ihrem Arbeitsplatz die wundervolle Gelegenheit, Ihren Nächsten Liebe und Fürsorge entgegenzubringen.

Tipp Nr. 4 passt zu dem, was wir gerade im dritten Hinweis gehört haben:

Lernen Sie, Ihre Ziele und Arbeit zu organisieren, denn für jedes Vorhaben unter dem Himmel gibt es eine Zeit. (Prediger 3, 1) Wenn Sie Aufgaben auf Ihrem Plan finden, die Sie am Vortag nicht geschafft haben und planen, diese heute zu tun, werden Sie höchstwahrscheinlich nicht in der Lage sein, alle Punkte zu erledigen, die für heute vorgesehen sind. Wenn die Zeit für bestimmte Dinge vorbei ist, ist es besser, sie ruhen zu lassen und sich den Herausforderungen des heutigen Tages zu stellen, bis man etwas freie Zeit findet, um das zu erledigen, was noch nicht getan wurde.

Kapitel 4
Was den Erfolg verhindert

Sie wissen jetzt, dass Sie selber, zusammen mit dem himmlischen Vater, den Schlüssel für Ihren zukünftigen Erfolg in der Hand halten. Trotzdem versuchen Viele, Ausreden zu finden und Entschuldigungen dafür, dass sie erfolglos bleiben. Einige machen ihre Eltern dafür verantwortlich, andere weisen auf die schwierige wirtschaftliche Lage des Landes oder auf die schlechte Regierung hin. Zurecht? Sorgt Gott, der uns nach seinem Bilde schuf, nicht dafür, dass wir alles haben, um erfolgreich zu sein?

Im Folgenden lesen Sie, was meiner Meinung nach die eigentlichen Gründe dafür sind, dass Menschen scheitern:

Grund Nr. 1: Wir scheitern, wenn wir auf unangenehme Situationen und Umstände falsch, also negativ, reagieren.

Es ist keineswegs die ungünstige Situation selber, die unglücklich macht und so sehr entmutigt, dass man nicht mehr hart genug arbeiten kann und so die Umsetzung der gesetzten Ziele in weite Ferne rücken lässt. So statuierte beispielsweise ein junger Mann, seine schlechte Erziehung sei darauf zurückzuführen, dass er ohne Vater aufgewachsen sei. Was aber blanker Unsinn ist. Ich selber hatte auch keinen Vater, und trotzdem tat ich das, was Gott für mich vorsah. Dasselbe gilt für viele andere Menschen. Andere jammern: „Ich werde immer erfolglos bleiben, weil ich mein ganzes Leben in einem benachteiligten Land verbracht habe." Wenn aber das Land Schuld an der Misere ist, dann würde es niemand in diesem Land zu etwas bringen. Wenn Sie Ihre Berufung kennen und an den Allmächtigen glauben, werden Sie Ihre Träume verwirklichen können, denn mehr brauchen Sie nicht. Sie argumentieren vielleicht: „Es ist mir nicht möglich, etwas auf die Beine zu stellen, denn ich habe nicht genügend Kapital." Lassen Sie mich dies erwidern: Gott kennt Ihre Situation. Er weiß, was Sie nicht wissen. Er wird Ihnen zeigen, dass große Erfolge aus kleinen Fortschritten erwachsen. Darum sollte ein kleiner Anfang Sie nicht entmutigen. Bei Lukas 12, 32 sagt Jesus: „Fürchte dich nicht, du kleine Herde! Denn es hat eurem Vater wohlgefallen, euch das Reich zu geben." Gott zeigt seine Gnade in kleinen Dingen, die er später groß werden lässt. Sie sollten sich nicht auf Dinge konzentrieren, die Ihnen heute fehlen, denn morgen werden Sie Ihnen zur Verfügung stehen. Entscheidend ist, nie zu vergessen, dass der Allmächtige Sie berufen hat, dass er Ihr Leben steuert. Wenn Sie ihm das Wenige geben, was sie heute haben, wird er es morgen vermehren. Unsere Kirche zahlt zum Beispiel im Moment Zehntausende Dollar Miete für das Gebäude, in dem wir unsere Gottesdienste feiern. Auch die Instandhaltung der Fahrzeuge und die Botendienste sind kostspielig. Aber wir können uns all dies leisten. Als ich die Kirche jedoch gründete, hatte ich noch nicht einmal zehn Dollar in der Tasche. 18 Monate lang waren wir hoch verschuldet. Nur Gott weiß, wie wir überlebt haben. Und er hielt sein Versprechen: Wir fingen mit wenig an - heute haben wir viel. Man versagt nicht aufgrund von negativen Umständen oder weil einem etwas fehlt, sondern weil man falsch auf diese Umstände und Mängel reagiert.

Bevor ich die Kirche gründete, arbeitete ich in einer Fernsehstation in der Ukraine, wo ich zweihundert Dollar pro Monat verdiente. Zur damaligen Zeit war das viel Geld und ich hatte einen Firmenwagen, der mir zur freien Verfügung stand. Nachdem ich ins Priesteramt berufen wurde, gab ich meinen Job auf und für mich begannen schwierige Zeiten. Ich konnte nicht einmal die monatliche Miete für meine Wohnung aufbringen, denn ich war völlig mittellos. Es schien, meine einzige Chance läge darin, nach Amerika zu gehen, Geld zu verdienen und dann zurückzukommen. Aber ich entschied mich dagegen, denn ich wusste, Gott möchte, dass ich eine Kirche in der Ukraine aufbaue. Diese Segnung trieb mich an, nach Wegen zu suchen, um diese Pläne zu verwirklichen. Ich zog aus meiner Dreizimmerwohnung in ein Hostel. Aber schon bald musste ich von dort zu einem Freund ziehen, da ich noch nicht mal ein Einzelzimmer im Hostel bezahlen konnte, das waren damals fünf Dollar pro Monat...

Aber ich gab nicht auf und meine Einstellung stimmte. Immer wieder sagte ich mir: „Es wird einen Ausweg geben und solange ich lebe, werde ich dem Herrn vertrauen."

Eines Tages werden Sie sich entscheiden müssen – entweder den Lügen des Teufels zu verfallen oder Gottes Ziel zu folgen. Ich bete für Sie, dass Sie die richtige Entscheidung treffen.

Vergessen Sie nie, dass man nicht aufgrund eines Mangels oder ungünstiger Umstände scheitert. Es kommt vielmehr darauf an, wie man auf Widrigkeiten reagiert.

Wann immer Sie vor Problemen stehen: Es gibt eine Lösung. Aber um eine Lösung für Ihre Probleme zu finden, müssen Sie Gott vertrauen und ihm gehorchen. Das Erste, was Sie tun sollten, ist zuhören. Hören Sie, was er Ihnen befiehlt (in Ihrem Herzen und in seinem Wort), und er wird Ihnen alles geben, was Sie brauchen, um seine Pläne zu erfüllen. Sie müssen diesen ersten Schritt tun, um seine Hilfe zu empfangen. Vielleicht ist Ihr Geschäft zahlungsunfähig? Wenn Sie darauf mit Panik reagieren, droht eine tiefe Depression, die Sie letztlich sogar umbringen kann. Eine negative Reaktion auf eine negative Situation wird nie etwas Konstruktives hervorbringen. Die ungünstige Situation wird sich erst dann zum Guten wenden, wenn Sie beginnen, Gott dafür zu danken. So rät auch der Apostel Jakobus:

Haltet es für lauter Freude, meine Brüder, wenn ihr in mancherlei Versuchungen geratet, indem ihr erkennt, dass die Bewährung eures Glaubens Ausharren bewirkt. (Jakobus 1, 2-3)

Wenn Sie auf eine ungünstige Situation richtig reagieren, wandelt sich jeder Nachteil zu einem großen Vorteil. Wenn Sie die richtige Einstellung zu einem Problem finden, wird es Sie weiterbringen. Daher rate ich Ihnen, Ihre Emotionen unter Kontrolle zu halten, was gelingen kann, wenn Sie dem Herrn vertrauen.

Als unsere Kirche durch die Behörden unter Druck gesetzt wurde, verließen einige Gläubige unsere Gemeinde, um sich andere Gemeinden zu suchen. Sie versuchten, ihre Entscheidung zu rechtfertigen, und erklärten: „Vielleicht irrt der Pastor, oder er ist sündig." Andere fingen an, Fragen zu stellen: „Pastor, Ihre Kirche ist nicht die einzige in der Stadt. Warum hat man es also gerade auf Sie abgesehen? Ohne Feuer kein Rauch. Es muss etwas an den Vorwürfen dran sein." In der Tat. Es gibt etwas, was uns zum Ziel von Anfechtungen macht. Und wissen Sie auch, was das ist? Die Antwort lautet: Gott. Denn wenn es nicht so wäre, hätte der Teufel keinen Grund, sich Sorgen zu machen und er müsste uns nicht so massiv unter Druck setzen.

EIN MUTIGER SPRUNG HIN ZUM GLAUBEN

Grund Nr. 2: Der zweite Grund, aus dem wir unsere Pläne und Träume nicht verwirklichen, ist Angst. Wir haben Angst, Gelegenheiten beim Schopfe zu packen.

Die meisten Menschen wollen kein Risiko eingehen, weil sie ihr bequemes Leben lieben, sich eingerichtet haben und weil alles nach einem festen Schema verläuft, das wie vorgegeben erscheint. Viele Menschen haben Angst, den Sprung hin zum Glauben zu wagen. Natürlich: Vertrauen bedeutet immer auch, ein gewisses Risiko einzugehen. Vertrauen ist ein Schritt, der unbekannten Raum erobert. Aber es ist ein Risiko, das durch den Glauben an Gottes Wort ergänzt wird, und ist daher nicht wirklich ein Risiko, sondern gelebtes Vertrauen. So finden wir uns beispielsweise in Situationen wieder, die uns dazu zwingen, energisch, ja sogar aggressiv zu handeln, ohne dass uns die

Umstände interessieren, in denen wir uns befinden. „Was sein wird, wird sein. Wenn ich sterben sollte, dann ist das so." Das ist der Geist des Jonathans. Egal, ob wir uns in einer solchen Situation befinden oder nicht: Jeder, der im Leben erfolgreich war oder ist, ging mindestens einmal in seinem Leben ein Risiko ein. Ich möchte mich hier auf das erste Buch Samuel 14, 1-15 beziehen. Dort lesen wir von Jonathan, der in einer Zeit lebte, in der die Kinder Israels ohne jegliche Hilfe und Waffen losziehen mussten, um gegen den Feind zu kämpfen. Als Jonathan klar wurde, dass es nichts mehr gab, was sie hätten tun können und die Philister kamen, entschied er, loszuziehen und gegen sie zu kämpfen. Also nahm er seinen Waffenträger und ging zum Posten der Philister. Nur weil er dies riskierte und loszog, um den Feind zu bekämpfen, stand das gesamte israelische Volk und die ganze Armee auf und kämpfte. Das ist der Geist, den wir brauchen, wenn wir einen spirituellen Krieg gewinnen wollen.

Natürlich kann nur Gott selber zu 100 % garantieren, dass man erfolgreich ist. Wenn wir mit dem Herrn gehen, wenn wir beten, das Angesicht Gottes suchen, auf sein Wort hören, ein rechtschaffenes Leben als Christ führen, für den Herrn arbeiten, werden wir die Stimme Gottes (in seinem Wort und in unserem Herzen) hören. Nur dann werden wir durch seinen Geist gelenkt. Der Herr ist unser zuverlässigster Schutz gegen Anfechtungen. In der Bibel lesen wir, dass es Reichtum gibt, der Sorgen bringt. Nur Reichtum, der uns von Gott versprochen wird, bringt Segen. In diesem Buch berichte ich von einigen Geschäftsmännern, die Erfolge feierten und zahlreiche Finanzkriege der Marktwirtschaft für sich entschieden, ihren Kampf an der Heimatfront jedoch verloren - und damit ihre Familien und Kinder. Es geht also darum, wie man seine Talente und seine Geschenke gewinnbringend einsetzt. Es geht darum, dass Sie es mit Gott an ihrer Seite tun. Nur dann wissen Sie, dass Sie sowohl den spirituellen Krieg gewinnen als auch in Hinsicht auf Ihr spirituelles und familiäres Leben erfolgreich sein können. Wenn sogar Nichtgläubige Erfolge feiern, warum sollten wir, die wir nach Gottes Willen leben, nicht erfolgreich sein? Hinzu kommt, dass wir es uns erlauben können, Risiken einzugehen, weil wir uns der Unterstützung Gottes sicher sein können. In seinem Wort steht: „Denn siebenmal fällt der Gerechte und steht doch wieder auf,..." (Sprüche 24, 16). Scheuen Sie sich also nicht, Fehler zu machen! Vertrauen ist ein Schritt, der das Unbekannte erobert.

Unsere Fehler und unser Versagen sind in jedem Fall zeitlich begrenzt, denn das Leben geht immer weiter. Nach den Gesetzen des Geistes bewegt und verändert sich alles. Eine ungünstige Situation von heute kann sich morgen als ein Vorteil erweisen. Es kann sein, dass wir über Dinge, die uns heute ganz entsetzlich belasten, schon morgen lachen.

da wir nicht das Sichtbare anschauen, sondern das Unsichtbare; denn das Sichtbare ist zeitlich, das Unsichtbare aber ewig. (2. Korinther 4, 18)

In diesen Zeilen wird uns versichert, dass Dinge, die wir heute noch nicht sehen können, eines Tages wahr werden können, denn der Glauben ist ein Beweis für Dinge, die man nicht sieht (Hebräer 11, 1). Ich glaube, dass unsere Kirche weiter wächst und hunderttausende Gemeindemitglieder haben wird, obwohl dies heute noch nicht zu sehen ist. Diese Sicherheit ermutigt mich, noch härter zu arbeiten und Risiken einzugehen (geleitet vom Heiligen Geist).

Ich glaube, dass alles, was der Herr mir verspricht, eines Tages wahr wird. Himmel und Erde werden vergehen, sein Wort wird Bestand haben (Matthäus 24, 35). Lassen Sie sich nicht entmutigen, wenn bestimmte Dinge sich nicht so entwickeln, wie Sie es sich vorstellen. Sie müssen wissen, dass sich langfristig alles ändert. Wir wissen, dass Gott selber Verantwortung für das übernimmt, was man nicht sieht. Wenn Gott unsichtbar ist (und das ist er) und wenn Sie an ihn glauben, dann liegen alle nicht sichtbaren Dinge, an die Sie glauben, in seinen Händen. Wenn ein Arzt eine bestimmte Krankheit diagnostiziert, so kann man davon ausgehen, dass der Patient krank ist und normalerweise ist ihm dies anzusehen. Als Christen wissen wir, dass sichtbare Dinge keinen Bestand haben und so sind auch Krankheiten zeitlich befristet. Für sie gilt das Gesetz (das Wort): Sie wird und muss verschwinden.

Bedenken Sie also stets: Wenn Gott unsichtbar ist und Sie an ihn glauben, dann liegen alle nicht sichtbaren Dinge, an die Sie glauben, in seinen Händen.

Vielleicht haben Sie ein sehr geringes Einkommen. Wenn Sie aber fest daran glauben, dass Sie eines Tages reich sein werden und wenn Sie weiterhin fest an Gottes Versprechen glauben, dass er Ihnen in Fülle das bereitstellt, was Sie brauchen, so wird sich Ihre Situation ändern. Sie müssen Vertrauen in den Herrn haben: Was jetzt noch nicht sichtbar ist, wird irgendwann sichtbar werden. Wir leben nicht durch die Dinge, die wir sehen, sondern durch das, woran wir glauben. Wenn Sie an das glauben, was nicht sichtbar ist, werden Sie die Angst vorm Risiko überwinden und selbstsicher werden.

Vielleicht kennen Sie Ihre Berufung, wissen aber nicht, wie Sie anfangen sollen, ihr zu folgen? Bedenken Sie, dass es wichtig ist, Ihre Pläne aufzuschreiben und Ihre Schritte zu visualisieren. Wenn Ihnen die finanziellen Mittel fehlen, beginnen Sie zunächst damit, anderen von Ihren Ideen zu erzählen und sammeln Sie alle nötigen Informationen, die wichtig sind, um Ihrer Berufung nachgehen zu können. Gott hat einige Menschen so ausgestattet, dass sie Ihnen in Bezug auf Ihre künftigen Aufgaben helfen können. Es gibt in Ihrer Umgebung mit Sicherheit Menschen mit entsprechenden finanziellen Mitteln und/oder mit den nötigen Kontakten, die Ihnen weiterhelfen können. Bieten Sie anderen Ihre Dienste an, seien Sie anderen Menschen ein Diener. Gott erhöht jene, die dienen (wie bereits beschrieben). Es wird immer Menschen geben, die genau das benötigen, was der Herr Ihnen mitgegeben hat. Suchen Sie nach Menschen, die Hilfe brauchen.

Wir dienen den Menschen zum Beispiel, indem wir ein Produkt oder einen Service anbieten. Dabei wird man mit drei verschiedenen Kategorien von Menschen zu tun haben: Da sind zunächst jene, die bereits von unseren Produkten oder Serviceleistungen wissen. Andere wissen noch nicht, dass wir diese Produkte oder Services anbieten, würden aber zu uns kommen, wenn sie wüssten, dass wir haben, was sie brauchen. Sobald sie also wüssten, dass dieses Produkt für sie bereit steht, werden sie kommen, um es zu erwerben.

In Kiew predige ich zum Beispiel in einer Kirche mit über 20.000 Menschen. Das sind Menschen, die mich bereits kennen. Sie sind mir ein Segen so wie ich ihnen ein Segen bin. Sie wissen, dass dieser Pastor vom Wort Gottes durchdrungen und sein Vertreter ist und dass Gott ihm zuhört. Manche wissen nicht, dass es mich gibt. Um diese Menschen zu erreichen, muss ich Werbung machen, um sie wissen zu lassen, dass es jemanden gibt, der hat, was sie brauchen. Vielleicht sind einige von ihnen depressiv, krank oder haben große Sorgen. Also gehe ich los, um nach diesen Menschen zu suchen, die brauchen, was ich ihnen bieten kann. Dann gibt es noch eine dritte Kategorie an Menschen. Sie haben bereits von mir gehört, kommen aber nicht in unsere Kirche. Sie wollen nicht kommen, weil sich nichts Gutes oder nichts Konkretes über mich gehört haben. Um ihnen also mein Produkt anbieten zu können, muss ich sie darüber in Kenntnis setzen, dass ich hier bin und sie überzeugen, dass sie mich brauchen.

Wenn Sie also etwas haben, was Sie auf dem Markt anbieten möchten − eine Dienstleistung oder ein Produkt − dann gehen Sie los und suchen Sie nach diesen drei Gruppen von Menschen. Menschen, die Sie und ihr Produkt schon kennen, Menschen, die Ihr Produkt noch nicht kennen und Menschen, die Sie überhaupt noch nicht kennen bzw. skeptisch sind. Diese Menschen sind die Grundlage für Ihren Erfolg und Ihre Größe.

TREFFEN SIE VORBEREITUNGEN FÜR DEN ERFOLG

Grund Nr. 3: Wir scheitern, wenn wir über keinerlei Kenntnisse verfügen, die wir für unsere Berufung brauchen.

Sie meinen zum Beispiel, Ihre Berufung läge darin, für Straßenkinder zu sorgen. Aber anstatt zunächst Zeit darauf zu verwenden, sich auf die entsprechenden Aufgaben vorzubereiten, gehen Sie einfach in die Straßen, um diese Kinder aufzusuchen und mit ihnen zu sprechen. Wissen Sie, wie Ihr Abenteuer wahrscheinlich enden wird? Nicht gut. Möglicherweise werden Sie zusammengeschlagen und ausgeraubt. Warum? Weil Sie für diese Form des Dienens nicht angemessen vorbereitet waren. Bevor Sie nämlich mit Ihrer Arbeit beginnen, sollten Sie in die Bibliothek gehen und Bücher zum Thema Straßenkinder lesen. Eignen Sie sich die entsprechenden Informationen zur Gesetzeslage an, lesen Sie Berichte und Vorgaben und sammeln Sie weitere verfügbare Informationen zu diesem Thema. Natürlich prüfen Sie auch, was die Bibel über Ihre Berufung sagt. Je mehr Sie über Ihren Aufgabenbereich wissen, desto mehr wertvolle Zeit können Sie letztlich sparen. Nur so sind effektive Fortschritte möglich, besonders in einer solch komplexen Sache wie der Sorge und Pflege von Straßenkindern. Ein bekanntes Sprichwort besagt, dass Wissen Macht sei. Jemand, der kaum etwas über den Bereich seiner Berufung weiß, ist zu vergleichen mit jemandem, der mit einer Augenbinde herumläuft. Ich kenne solche Menschen. Sie suchen den schnellen Erfolg und wollen keine Zeit damit verbringen, sich gründlich vorzubereiten.

Ohne Erkenntnis ist selbst Eifer nicht gut; und wer mit den Füßen hastig ist, tritt fehl. (Sprüche 19, 2)

Jemand, dem es an Wissen über das entsprechende Thema mangelt, wird stolpern und viele Fehler machen. Denken Sie an das Leben von Jesus Christus. Obwohl er wusste, dass sein Wirken nur dreieinhalb Jahre dauern würde, verbrachte er 30

Jahre damit, sich auf seine Aufgaben vorzubereiten. Neben dem Studium verdiente er Geld, um seinen Vater beim Erwerb des Familieneinkommens unter die Arme zu greifen und um für seine zukünftigen Aufgaben gewappnet zu sein.

Vergessen Sie nicht, dass Sie nur Fortschritte machen können, wenn Sie sich in Ihrem Aufgabenbereich genügend Wissen aneignen.

Je mehr Zeit Sie damit verbringen, sich auf eine bestimmte Aufgabe vorzubereiten, desto größere Erfolge werden Sie erzielen können. Einige Christen denken anders. Sie treten einen Dienst an und können die rechte Hand nicht von der linken unterscheiden. Natürlich sage ich nicht, dass Sie zu Hause bleiben müssen, wenn Sie über Ihren Aufgabenbereich noch nicht genug wissen – Sie sollten sich durchaus in der Praxis versuchen. Aber wie Jesus können auch Sie hart an der Vorbereitung Ihrer künftigen Aktivitäten arbeiten.

NIEMALS AUFGEBEN!

Grund Nr. 4: Wir scheitern, wenn wir uns weigern, für unser Leben Verantwortung zu übernehmen und wenn wir nicht selber aktiv werden.

Damit meine ich Folgendes: Die Mentalität vieler Menschen aus der ehemaligen Sowjetunion wurde geprägt durch die sowjetische Lebensrealität. In der Vergangenheit konnten Sie vom Staat erwarten, dass er ihnen unentgeltlich Wohnungen, medizinische Versorgung, Bildung und viele andere Dinge zur Verfügung stellte. Und so prägte sich bei diesen Menschen eine eher passive Lebenshaltung heraus. Nach dem Zusammenbruch dieses Systems und bis zum heutigen Tag wollten und wollen die Menschen sich selber bzw. ihren Lebensstil nicht wirklich ändern. Sie sind es gewohnt, mit dem Strom zu schwimmen, bevorzugen ein leichtes, bequemes Leben ohne Sorgen. Im

Kommunismus nahm die Partei den Menschen alle Entscheidungen ab und sie mussten für ihr Leben keine großen Entscheidungen fällen. Die Partei entschied, wo sie hingingen, wo sie wohnen, und sie verbot ihnen, eigene Häuser zu bauen. Es war also im Grunde die Partei und die Regierung, die alle großen Entscheidungen über das Leben, die Karriere, den Beruf und die Zukunft einer Person traf. Und die meisten Menschen bevorzugten diese Art von Leben. Heute ist das kommunistische System überwunden und die Demokratie hat Einzug gehalten – aber viele Menschen wünschen sich den Kommunismus zurück. Sie mögen es nicht (und sind es nicht gewohnt), Verantwortung für ihr Leben zu übernehmen. Sie ziehen es vor, wenn die Regierung dies für sie regelt.

Eine solche Einstellung zum Leben ist in anderen Ländern undenkbar. Hier wissen die Menschen, dass sie Geld verdienen müssen, um eine Wohnung kaufen und um für die entsprechende medizinische Versorgung und Bildung zahlen zu können. Sie wissen, dass sie für sich sorgen müssen, weil es niemand sonst tut. Für einen westlich geprägten Menschen ist es das Normalste der Welt, nach einem erfolgreichen Leben zu streben. Dies ist in seiner Denkweise tief verwurzelt.

Es ist an der Zeit: Beginnen Sie, Ihr Glück zu schmieden! Nehmen Sie Ihr Schicksal in die Hand! Wenn das bedeutet, dass Sie ohne Unterlass arbeiten müssen, dann gehen Sie und arbeiten Sie so viel Sie können! Sie müssen Ihr Äußerstes geben, um Erfolge zu erzielen. Manchmal ist das Leben eine Herausforderung. Sie werden nie erfolgreich sein, wenn Sie nicht von schädlichen Gewohnheiten Abstand nehmen und Ihren Charakter ändern. Wenn Sie vor den Realitäten des Lebens fliehen, werden Sie nicht weiterkommen.

Ich erinnere mich noch genau an den Tag, an dem mein zweites Kind, Zoe, geboren wurde. Ich ging ins Geburtshaus, um meine Frau und meine Tochter zu sehen. Diese winzige Kreatur wog fast acht Pfund, war etwa 53 cm groß… und hatte mich völlig verzaubert. Ich konnte meinen Blick nicht von ihr wenden. Meine Frau fragte mich: „Warum schaust Du sie solange an?" In der Tat: Beim Anblick meiner Tochter vergaß ich alles andere um mich herum. Meine Gedanken schweiften ab und ich dachte nach über das Leben, über Gott, seine große Weisheit und Herrlichkeit. Während ich meine Tochter anblickte, wurde mir klar, dass dieses kleine Baby einen Teil von mir in sich trug. Und diese Erkenntnis änderte meine Einstellung gegenüber Frauen grundlegend. In der Bibel (1.Mose1, 27) steht, dass Mann und Frau einen Teil vom jeweils anderen in sich tragen. Gott erschuf den Menschen nach seinem Bilde. Er schuf Mann und Frau. Aber bis 1.Mose 2, 22 waren Sie nur eine einzige Person. Dann schuf Gott die Frau aus dem Mann. Als meine Tochter geboren war, begann ich, eine Frau nicht nur als eine Person des anderen Geschlechts zu sehen, sondern als eine weitere Persönlichkeit, wie ich selber. Jetzt gehe ich mit meiner Tochter ebenso um, wie ich mich selber behandle. Sie war immer schon in mir - im Geburtshaus habe ich sie das erste Mal gesehen. Dieser erste Anblick war eine positive Lehrstunde für mich, die dazu führte, dass sich meine Einstellung zu Frauen insgesamt änderte. Obwohl sie sich völlig vom Mann unterscheiden, weil sie andere sexuelle Funktionen haben, sind wir im Grunde eins. Gott hat uns als Menschen geschaffen.

Ich sah in dem kleinen Mädchen eine Frau, die vielen Kindern, Großkindern und Urenkeln das Leben schenken wird. Schon bei Ihrer Geburt trug sie ihre Berufung in sich, durch die vielleicht Viele errettet werden. In diesem Kind ist ein Samen der Größe verborgen, der zu gegebener Zeit zahlreiche Früchte tragen wird. Und dasselbe gilt für jeden von uns. Der Schöpfer legte ein Samenkorn der Größe in jeden von uns, um Früchte gedeihen zu lassen. Beschuldigen Sie nicht Gott, wenn Ihr Leben nicht so glatt verläuft, wie Sie es sich wünschen. Meistens scheitern wir, weil wir Gottes Intention für unser Leben nicht akzeptieren wollen. Bitte vergessen Sie nie: Seine Berufung für Ihr Leben werden Sie in Erfahrung bringen, wenn Sie sich ihm nähern und ihn besser kennenlernen; es reicht nicht, nur über ihn zu hören. Wir alle tragen ein Samenkorn der Größe in uns, wir müssen es nur wässern (mit dem Wort) und es von Unkraut und Krankheit befreien. Wir müssen hart arbeiten, um uns zu ändern, um zu wachsen und zu reifen – im Glauben an den einen Gott. Wenn ein Kind nicht isst, sich nicht bewegt und sich nicht entwickelt, wird es letztendlich sterben. Dasselbe gilt für uns in spiritueller Hinsicht. Wenn wir uns nicht mit Gottes Wort versorgen, uns in dieser Hinsicht nicht bewegen und nicht wachsen, werden wir spirituell sterben. Sie sollten darauf achten, dass Ihnen dies nicht passiert. Nichts soll Sie davon abhalten, Ihre Berufung zu erfüllen. Bewegen Sie sich mit Jesus Christus an Ihrer Seite immer in Richtung Ihres Ziels!

Das Alte Testament eröffnet uns, dass Gottes Volk große Nöte durchlebte und gegen viele Menschen kämpfen musste, um zu einer starken Nation zu werden. Einige Menschen behaupten, das Alte Testament sei brutal und blutrünstig. Aber das stimmt nicht. Es ist voller Ereignisse und voller Menschen, von denen man viel lernen kann. Wenn Sie Ihr Leben mit den Ereignissen vergleichen, die im Alten Testament beschrieben werden, erkennen Sie unweigerlich, dass Ihre Probleme noch weit entfernt sind von dem, was Gott uns schickt, um uns zu säubern, unseren Charakter zu bessern und uns auf den Kampf um ein besseres Leben vorzubereiten.

Nur sei recht stark und mutig, dass du darauf achtest, nach dem ganzen Gesetz zu handeln, das mein Knecht Mose dir geboten hat! Weiche nicht davon ab, weder zur Rechten noch zur Linken, damit du überall Erfolg hast, wo immer du gehst!

Dieses Buch des Gesetzes soll nicht von deinem Mund weichen, und du sollst Tag und Nacht darüber nachsinnen, damit du darauf achtest, nach alledem zu handeln, was darin geschrieben ist; denn dann wirst du auf deinen Wegen zum Ziel gelangen, und dann wirst du Erfolg haben. (Josua 1, 7-8)

Der Herr bereitet eine große Aufgabe für Josua vor. Josua musste große Entbehrungen erleiden und starke Anfechtungen überwinden, weil er dem Willen Gottes folgte. Das war schon immer so und wird auch so bleiben: Mit jeder neuen Aufgabe, die Ihnen anvertraut wird, zieht Gott Sie ein Stück näher zu sich. Unweigerlich werden aber auch die Anfechtungen stärker, denen Sie ausgesetzt sind. Um Josua für die vielen Prüfungen zu stärken, sodass er sie bestehen kann, gab Gott ihm diese inspirierenden Worte mit. Und dieselben Worte sagt er Ihnen heute: „Sei stark und sehr mutig." Konzentrieren Sie sich nicht auf Ihre Fehltritte und Ihr Versagen. Wenn Sie gescheitert sind, versuchen Sie es immer wieder bis es Ihnen gelingt. Im 8. Vers lesen wir, dass wir Gottes Wort in uns aufnehmen sollen, damit wir weise handeln.

Thomas Edison unternahm 999 vergebliche Versuche, bevor er die Glühlampe erfand. Erst beim 1000. Versuch funktionierte seine Erfindung. Als man ihn fragte, warum er nach so vielen erfolglosen Versuchen trotzdem beharrlich weiterarbeitete und nicht frustriert aufgab, antwortete Edison: „Nicht einer der Versuche war ‚erfolglos'. Der Herr zeigte mir nur 999 Mal, wie es nicht gemacht wird."

Wenn Sie etwas erfolglos versucht haben, versuchen Sie es immer wieder, bis Sie es geschafft haben. Geben Sie niemals auf!

Grund Nr. 5: Wir scheitern, wenn wir ständig zurückblicken und bedauern, was passiert ist. Dieser Punkt passt zum oben ausgeführten vierten Grund.

Der Prophet Jesaja lehrt uns, unsere vergangenen Erfahrungen nicht zu bedauern und nicht in der Vergangenheit zu leben.

Denkt nicht an das Frühere, und auf das Vergangene achtet nicht! (Jesaja 43, 18)

Dieser Grund des Scheiterns wiegt schwer. Vielfach und massiv hält er uns davon ab, groß zu werden. Egal, ob Sie auf eine gute oder eine schlechte Vergangenheit zurückblicken – Sie sollten dem Herrn dankbar sein und nach vorne blicken. Die Vergangenheit liegt hinter Ihnen und Sie müssen in die Zukunft blicken, denn der Herr möchte Sie mit vielen guten Dingen segnen.

Siehe, ich wirke Neues! Jetzt sprosst es auf. Erkennt ihr es nicht? Ja, ich lege durch die Wüste einen Weg, Ströme durch die Einöde. (Jesaja 43, 19)

Beginnen Sie noch heute, an Ihrer Zukunft zu arbeiten! Je eher Sie beginnen, mit der Hilfe des Herrn, desto mehr werden Sie erreichen können.

WIE SEHEN SIE SICH SELBST?

Grund Nr. 6: Einige scheitern, weil sie ein geringes Selbstwertgefühl haben.

Man kann nicht besser werden als das Bild, das man von sich selber hat. Mit anderen Worten: Wenn Sie sich selber als Verlierer sehen, dann werden Sie zum Verlierer. Es wird für Sie nahezu unmöglich, erfolgreich zu sein, wenn Sie Ihre persönliche Meinung über Ihre Fähigkeiten und Ihren Wert nicht revidieren und sich selbst so sehen, wie der Herr es tut.

Jesus ist für diese These ein prägnantes Beispiel. Was hat Jesus über sich selber gesagt? Er sagte: „Ich und der Vater sind eins." (Johannes 10, 30). Vielleicht, so könnte man meinen, war er überheblich? Die Pharisäer hegten sogar noch aggressivere Gefühle gegen ihn. Als sie seine - in ihren Ohren - ungeheuerliche Behauptung hörten, wollten sie ihn steinigen! Jesus Aussage hat sie wütend gemacht. Heute haben viele Leute dasselbe Problem. Ja, es ist wohl so, dass wir alle ein bisschen die Einstellung der Pharisäer in unseren Herzen und Köpfen tragen. Wenn ich zum Beispiel behaupte, ich sei ein Erlöser, werden Sie mich als arrogant bezeichnen. Und trotzdem habe ich die Wahrheit gesagt, denn jeder Christ wurde von Gott berufen, ein Erlöser für jemand anderen zu sein. Wir haben das Recht, Dinge über uns zu behaupten, die Gott über uns sagt. Mir ist erlaubt zu sagen, dass ich in die Ukraine gekommen bin, um die Menschen hier zu erretten. Egal, wie Sie meine Worte verstehen - aus diesem Grund hat mich Gott hierher gebracht. Vielleicht sind Sie im Moment noch nicht mutig genug, um etwas in der Art von sich zu behaupten. Wichtig ist aber, dass Sie daran glauben, für andere ein Erlöser zu sein. Und das werden Sie sein, denn sonst hätte Jesus nicht gesagt: „Ihr seid das Salz der Erde… Ihr seid das Licht der Welt." (Matthäus 5, 13-14). Er hat nicht gesagt: „Ich werde strahlen und Du wirst durch mich auch strahlen." Jesus hat uns die Verantwortung für diese Erde übertragen. Als er selber noch diente, war er das Licht der Welt. Jetzt ist es unsere Aufgabe, zu leuchten, denn in Matthäus 5 hat Jesus gesagt, dass wir das Licht der Welt und das Salz der Erde sind. Daher liegt es jetzt an uns, die Verantwortung zu übernehmen, es liegt an uns, die Welt zu bessern, in der wir leben. Bringen Sie Ihre persönliche Meinung über sich selber mit der Meinung Gottes über Sie in Einklang! Der Herr sagt: „Ihr seid meine Heiligen." Und was tun Sie? Sie antworten an dieser Stelle: „Oh nein, Herr. Ich bin nicht, was Du denkst. Ich habe mich heute mit meinen Eltern gestritten. Ich bin ein Sünder." Nun, vielleicht haben Sie gegenüber Ihrer Mutter und Ihrem Vater gesündigt. Trotzdem wird der Herr seine Meinung über Sie nicht ändern. Gott betrachtet Sie als eine(n) Heilige(n), solange Sie als Tochter oder Sohn in seiner Wahrheit leben. Gott weiß, dass Sie nicht perfekt sind, aber er sieht die Perfektion und Heiligkeit Jesus, der in Ihnen lebt. Gott weiß, dass Sie eines Tages perfekt sein werden.

Einige Menschen meinen, sie könnten sich Gottes Gnade verdienen, indem sie Gutes tun. Aber der Herr verlangt dies gar nicht von ihnen. Wichtig ist ihm jedoch, dass Sie derselben Meinung sind wie er und dass Sie nach seinem Wort leben. So werden Sie ‚automatisch' weniger Sünden begehen. Bevor wir nicht ganz dem Herrn vertrauen, können wir nicht heilig sein. Das wäre dann Stolz und Ungehorsam gegenüber dem Herrn. Sie müssen so vor den Herrn treten, wie Sie sind – nicht perfekt. Lassen Sie uns einmal annehmen, der Herr plant, dass Sie Millionär werden. Sie aber denken, dies wäre unmöglich, denn Sie haben im Moment keinen Job und es fällt Ihnen schwer zu glauben, dass Sie ein solches Potenzial in sich tragen. Wenn Gott Sie aber als Millionär sieht, dann werden Sie Millionär. Werfen Sie Ihre falsche Bescheidenheit über Bord und widersprechen Sie dem Herrn nicht! Schämen Sie sich nicht zuzugeben, was der Herr Ihnen eröffnet. Das Vertrauen in Ihre Fähigkeiten und Qualitäten wird Ihnen bei der Erfüllung Ihrer Berufung helfen.

LEBEN, UM ANDEREN ZU GEFALLEN

Grund Nr. 7: Einigen Menschen bleibt der Erfolg versagt, weil Sie ständig versuchen, es allen recht zu machen.

Diese Menschen versuchen, klug zu handeln, wollen aber gleichzeitig allen gefallen. Beides geht leider nicht. Oft höre ich von ihnen: „Ich erhebe meine Hände vor dem Herrn nicht zum Dank, ich werde ihn nicht lobpreisen oder vor ihm tanzen. Dann könnte man ja meinen, ich sei verrückt." Dieselben Leute erlauben sich aber durchaus den einen oder anderen alkoholischen Drink, denn sie haben Angst, dass sie sonst als steif und langweilig wahrgenommen werden. Solange man sein Leben darauf ausrichtet, den Menschen zu gefallen, wird man dem Herrn nicht gefallen können. Man muss sich entscheiden. Der Apostel Paulus sagt in Epheser 2,2, dass alle Menschen, die versuchen, der Welt zu gefallen, nicht nach ihrem Willen leben, sondern nach dem Willen des ‚Fürsten der Gewalt der Luft'. Hier spricht er vom Teufel, der das Leben all jener Gläubigen kontrolliert, die nicht nach dem Willen Jesu Christi leben. Und so kommt es, dass alle, die sich entschließen, mit dem Trinken aufzuhören, oder mit Drogen, dem Rauchen oder dem

Fremdgehen, einen großen Druck in sich verspüren. Dieser Druck geht nicht nur von den Menschen im persönlichen Umfeld aus, sondern auch vom Fürsten der Gewalt der Luft. Wenn Sie also diesen Druck in sich verspüren, wenn Sie das Bedürfnis haben, Ihre Mitmenschen zufriedenzustellen und anderen zu gefallen, dann sollten Sie wissen, dass dieses Bedürfnis vom Teufel kommt, der Sie seinem Willen unterwerfen will. Er möchte, dass ihm die Menschen gehorchen wie Puppen. Und so müssen Sie sich entscheiden: Entweder gehorchen Sie dem Retter Ihrer Seele, Jesus dem Erlöser, der für unsere Sünden gestorben ist, oder Sie denken, fühlen und handeln lauwarm... und dienen dem Fürsten der Gewalt der Luft. Als ich den Herrn noch nicht kannte, lebte ich wie die meisten Menschen. Nach meiner Umkehr hat sich alles grundlegend verändert, mein Leben war fast nicht wiedererkennbar. Es schien, als könnte ich das erste Mal klar sehen: Plötzlich erkannte ich, welchen Wegen ich gefolgt war und wem ich die ganze Zeit gedient hatte. Daher appelliere ich an Sie: Treffen Sie Ihre Wahl und halten Sie konsequent an Ihrem Entschluss fest! Orientieren Sie sich am Leben des Apostels Petrus: Er war mehr als ein Gläubiger - er war Jesus ganz nah. Aber auch Petrus gab den Versuchungen des Teufels nach. Jesus hingegen wusste, was in solchen Situationen zu tun ist. Bei Matthäus 16, 22-23 lesen wir, wie er ablehnte, die Perspektive der Welt einzunehmen und wie er den Teufel zurückwies, als dieser versuchte, ihn zu manipulieren. Wir müssen so stark sein wie unser Herr Jesus Christus. In allem, was wir tun, müssen wir uns an ihm orientieren, um den Willen unseres Vaters zu erfüllen. Vergessen Sie nie, dass die Wege der Welt dem Willen und Ziel Gottes entgegenstehen. Sie möchten als ehrliche Person leben? Die Welt versucht, Sie davon abzuhalten. Sie wollen den Armen helfen? Die Welt tut alles, um Sie davon abzuhalten. Sie wollen die Menschen erhöhen? Die Welt will sie erniedrigen. Sie können das Leben auf dieser Welt unter einer Bedingung genießen: Bleiben Sie in der Wahrheit Gottes, denn nur dann erhält Ihr Leben Bedeutung.

Tun Sie Buße, wenn Sie etwas Falsches machen vor Gott, und gehen Sie mit dem Herrn. ‚Mit dem Herrn gehen' bedeutet, Gott als zentrale Kraft für Ihr Leben anzuerkennen. Wenn Sie gefallen sind, stehen Sie auf und bitten Sie um Vergebung. Pflegen Sie Ihre Beziehung mit ihm: Lesen Sie die Bibel, beten Sie, tun Sie den Menschen Gutes, leben Sie nach seinem Wort. Leben Sie als ein gewissenhafter Christ. Wenn ich sage, dass Sie alles tun sollen, um dem Herrn zu gefallen, meine ich nicht, dass Sie Ihren Pastor verlassen sollen, nicht mehr zur Kirche gehen und damit beginnen, dem Herrn nur für sich alleine zu dienen. Die meisten Pastoren wurden durch Gott gesalbt. Sie müssen ihnen gehorchen, und anerkennen, dass auch Ihr Pastor seine Kraft vom Herrn selbst empfängt.

Es ist wichtiger, dem Herrn zu gefallen als den Menschen. Das wird Sie und Ihre Position stärken. So werden Sie zu einer unabhängigen Person, die in der Lage ist, Führungspositionen einzunehmen und Sie werden nicht länger im Schatten von anderen leben müssen. Ich bin sicher, Sie kennen den Spruch, der besagt, das Leben sei eine Bühne und wir alle die Schauspieler. Als Christen müssen wir wissen, dass der Schöpfer selber unser Publikum ist – und niemand sonst. Wir sollten nicht darauf hoffen, dass andere unseren Auftritt beklatschen. Nur Jesus ist in der Position, unsere Lebensweise, unsere Arbeit und unseren Dienst zu befürworten oder abzulehnen.

SICH SELBST BESIEGEN

Grund Nr. 8: Wir scheitern, wenn wir Gott nicht gehorchen.

Viele Menschen leben in Sünde. Wussten Sie, dass Gott uns seine Herrlichkeit entzieht, wenn wir seine Gesetze ständig missachten?

Alles begann mit der Geschichte von Adam und Eva. Gott machte Sie zu Herrschern über die Erde. Er gab Ihnen Macht über alles, was das Land bedeckte. Und was geschah? Die Sünde des

Ungehorsams bewirkte, dass sie diese Macht verloren (1.Mose 3). Alle Macht, die der Herr ihnen verliehen hatte, wurde ihnen aberkannt und so wurden sie zu Sklaven der Dinge, die sie einst beherrschten. Vor dem Sündenfall lebten Adam und Eva unter dem Schatten des Allmächtigen. Aber ihre Sünde machte ihnen ihre Nacktheit bewusst und sie nahmen sich Feigenblätter, um sich zu bedecken.

Erst durch das wertvolle Blut unseres Erretters Jesus Christus wurden Sie und ich wieder an den Platz zurückgeführt, der vormals von Adam eingenommen wurde. Der Herr hat uns das Recht zurückgegeben, Herrscher der Erde zu sein.

In Sünde zu leben entspricht nicht dem Willen Gottes. Demjenigen, der das Leben eines Sünders lebt, wird es ergehen wie unseren Vorfahren Adam und Eva. Nehmen Sie zum Beispiel das Rauchen. Gott schuf den Tabak aus einem bestimmten Zweck, aber wer die Pflanze nimmt und sie raucht, macht sie zu einem Instrument tödlicher Sünde. Ab sofort wird der Mensch vom Tabak beherrscht, den er raucht. Er weckt den Raucher mitten in der Nacht und fordert: „Du brauchst jetzt unbedingt eine Zigarette!" Die Zeit vergeht und eines schönen Tages merkt die Person, dass sie nicht mehr mit dieser Gewohnheit brechen kann, die ihr Leben bedroht – wie sehr sie es auch versucht. Gestern noch ein freier Mann bzw. eine freie Frau – heute schon ein Sklave.

Dasselbe gilt für Menschen, die ihre Emotionen nicht kontrollieren können. Sie müssen lernen, wie sie ihren Hass in Liebe wandeln (und mit Gottes Hilfe wird ihnen das gelingen), in Liebe für die Menschen, und zum Preise des heiligen Namens des Herrn. Wenn man in Sünde lebt, kann man den Versuchungen der Welt nicht widerstehen. Viele Menschen verbringen den ganzen Tag vorm Fernseher. Er ist zu ihrem Gott geworden. Eine ordinäre Kiste hat sie – intelligente Männer und Frauen – um den Verstand gebracht und zu hirnlosen Kreaturen gemacht. Eine Tragödie! Die Sünde ist eine widerwärtige Sache. Sündige Menschen kann man mit

Bären im Käfig vergleichen: Solange der Bär in der Wildnis lebt, ist er stark und mutig, aber sobald man ihn in einen Käfig steckt, ist er hilflos - eine bedauernswerte Kreatur. Gibt man der Sünde nach, erlauben wir ihr, unser Meister und Herrscher zu sein.

Besser ein Langmütiger als ein Held, und besser, wer seinen Geist beherrscht, als wer eine Stadt erobert.
(Sprüche 16, 32)

Die Fähigkeit, seine Gefühle zu beherrschen, ist eines unserer größten Stärken. Wenn Sie diesen Vorteil nicht nutzen, lassen Sie zu, dass Ihre Süchte und Leidenschaften Sie verzehren und Gottes Pläne für Ihr Leben zunichtemachen. Jesus lehrt uns, die Menschen zu lieben. Und wir sollten auf ihn hören, denn sonst werden wir wiederum nicht geliebt und respektiert. Sie sollten Ihren Gefühlen nicht nachgeben, wenn sie sündige Begierden wecken. Oder anders gesagt: Erlauben Sie Ihrem Körper nicht, Sie dazu zu bringen, das zu lieben, was er Ihnen befiehlt. Wenn eine Sünde in Ihr Leben getreten ist, beichten Sie und bitten Sie Gott um Vergebung. Wenn Sie gerne möchten, dass Ihr Pastor für Sie betet, damit Sie wieder frei atmen können, dann gehen Sie und bitten Sie ihn darum. Falls dies ein Problem für Sie darstellt, empfehle ich Ihnen mein Buch mit dem Titel ‚Victory Over Sinful Thoughts and Feelings' (Gedanken und Gefühle der Sünde besiegen). Meine Website-Adresse lautet: www.godembassy.org, www.sundayadelaja.com oder www.sundayadelaja.de. Meine Materialien können alternativ auch auf www.godembassy.com erworben werden.

Eventuell hilft das Fasten dabei, seine Gefühle unter Kontrolle zu bringen. ‚Fasten' bedeutet in diesem Fall ein Verzicht auf das, was Ihr Fleisch befriedigt. Manchmal ist es der Verzicht auf Essen. Manchmal aber auch ein kurzzeitiger Verzicht auf das Trinken von Wasser. Es kann auch bedeuten, auf den Fernseher zu verzichten usw. Sagen Sie Ihrem Problem den Kampf an! Tun Sie etwas, um das Problem zu lösen. Bevor

Sie sich allerdings dazu entscheiden, die Welt zu erobern, müssen Sie immer erst lernen, sich selber zu erobern. Es ist durchaus möglich, die ganze Welt zu erobern, ohne dass man sich selber kontrollieren kann... Allerdings bieten Sie damit dem Teufel eine großartige Gelegenheit, Sie zum Gespött der Leute zu machen. Das passierte Simson in der Bibel: Er eroberte die ganze Welt und war doch letztlich nur eine ‚Lachnummer', denn der Teufel wusste, dass er seine Gefühle nicht kontrollieren konnte.

Sie dürfen natürlich auch nicht ins andere Extrem fallen und sagen: „Später. Später, wenn ich perfekt bin..." Wenn Sie so denken und handeln, wird es Ihnen nie glücken. Erobern Sie die Welt und lernen Sie, sich zu beherrschen. Diese zwei Dinge erfolgen immer gleichzeitig, denn Sie können sich nicht ein für alle Mal erobern. Das ist vielmehr ein lebenslanger Prozess.

sondern ich zerschlage meinen Leib und knechte ihn, damit ich nicht, nachdem ich anderen gepredigt, selbst verwerflich werde. (1. Korinther 9, 27)

Solange Sie auf Erden sind, werden Sie Versuchungen ausgesetzt sein. Sogar Jesus wurde versucht. Sie sollten den Herrn darum bitten, Ihnen die Stärke zu geben, allen fleischlichen Begierden widerstehen zu können. Manchmal scheitern Sie und fallen, wenn Sie aber nicht am Boden liegen bleiben, sondern wieder aufstehen und weiter kämpfen, dann werden Ihre Bemühungen letzten Endes vom Erfolg gekrönt sein.

JEDER MOMENT IST WERTVOLL

Grund Nr. 9: Einige Menschen scheitern, weil Sie ständig alles aufschieben.

Diese Menschen verschieben auf morgen, was Sie eigentlich heute erledigen können. Dabei reden Sie sich stets heraus und sagen: „Das kann warten. Ich werde es später tun." Wenn Sie das kennen, sollten Sie sofort damit anfangen sich zu disziplinieren. Verlangen Sie sich selber mehr ab! Im Buch Prediger 3, 1 heißt es: „Für alles gibt es eine Stunde. Und für jedes Vorhaben unter dem Himmel eine Zeit." Verlegen Sie Aktivitäten, die für gestern geplant waren, nicht auf heute. Die Zeit dafür ist verstrichen, verloren. Denn heute wird es andere Dinge geben, die zu tun sind. Heute zu tun, was Sie gestern hätten tun sollen oder aufzuschieben, was Sie heute tun sollten, wird Ihr Leben kompliziert machen und Sie werden viel wertvolle Zeit verlieren, die Ihnen niemand wiedergibt. Wussten Sie schon: Wenn wir alle Stunden zusammenzählen, die wir vertrödeln, würden sie ganze zehn Jahre unseres Lebens ausmachen! Sie sollten lernen, jeden einzelnen Moment wertzuschätzen. Machen Sie es sich zur Regel, für jede Aufgabe eine gewisse Zeitspanne einzuplanen. Wenn Sie herumbummeln, wird dies all Ihre Pläne zunichtemachen. Natürlich wird man mehr Zeit benötigen, wenn man mit einer schwierigen Aufgabe befasst ist. Große Ziele nehmen viel Zeit, Energie und Engagement in Anspruch. Wenn Sie Ihre Zeit planen, müssen Sie Ihre Fähigkeiten, Stärken, verfügbaren Mittel und Potenziale ehrlich einschätzen lernen. Planen Sie für jede Aufgabe genügend Zeit ein. Wenn die geplante Zeit für eine Aufgabe nicht reicht, um eine Aufgabe zu beenden, machen Sie tatkräftig weiter. Arbeiten Sie zügig, ohne Zeit für eine bestimmte Aufgabe zu verschenken. Arbeiten Sie hart – das wird helfen, Ihre Berufung zu erkennen. Je fleißiger Sie sind, desto umfassender ist die Belohnung für Ihre harte Arbeit. Sie müssen wissen, dass Zeit mehr ist als nur Geld. Es ist Ihr Leben.

Wer auf den Wind achtet, wird nie säen, und wer auf die Wolken sieht, wird nie ernten. (Prediger 11, 4)

Einer meiner Gemeindemitglieder besitzt eine Firma, in der einige Christen arbeiten. Vor kurzem sagte er mir, er sei unzufrieden mit ihrer Pfuscharbeit. Sie wären oft nicht sorgfältig genug, sie sind vergesslich und finden immer neue Ausreden, um ihre Pflichten nicht erfüllen zu müssen. Manchmal haben sie nicht genügend Zeit, um die Dinge fristgerecht fertigzustellen, manchmal ist es ein Meeting, das sie nicht verpassen dürfen, sie müssen zum Gottesdienst... und so weiter. Mindestens einer von Ihnen ist pro Tag in einer Notlage und bittet, frühzeitig gehen zu können. Der Mann meinte, er könne sie nicht entlassen, da sie ja Christen seien. Aber das ist falsch. Christen sollten auf der Arbeit sogar verantwortungsbewusster und fleißiger sein als alle anderen.

Bei der Arbeitsleistung lege ich sehr hohe Standards an. Ich verlange viel von den Mitarbeitern in meinem Büro und sie müssen diesen Anforderungen durchaus gerecht werden. Wenn sich jemand als ineffizient erweist, habe ich kein Problem damit, ihn oder sie zu entlassen. Dabei unterscheide ich auch nicht zwischen bezahlten und unbezahlten Kräften. Jesus sagt: „Es sei aber eure Rede: Ja, ja! Nein, nein! Was aber darüber hinausgeht, ist vom Bösen." (Matthäus 5, 37). Versprechen Sie lieber nichts, wenn Sie sich nicht sicher sind, ob Sie Ihr Versprechen halten können. Die Kirche sollte die effizienteste Struktur der Welt vorweisen können. Legen Sie eine hohe Messlatte an. Erlauben Sie sich, anspruchsvoll zu sein, egal ob gegenüber sich selbst oder anderen, ob gegenüber Christen oder Nichtchristen. Meine Meinung ist: Von Christen darf erwartet werden, dass sie mehr Leistung bringen als alle anderen.

Bedenken Sie stets, dass ein ehrgeiziges Ziel immer viel Zeit, Energie und Engagement voraussetzt.

Als Gott Adam und Eva schuf, segnete er sie und sagte zu ihnen: „Seid fruchtbar und vermehrt euch, und füllt die Erde, und macht sie euch untertan" (1.Mose 1, 28). Mit anderen Worten: Der Schöpfer befahl Adam zu arbeiten, für die Erde zu sorgen und für alles, was darauf ist. Erst danach erlaubte der Herr Adam, den Garten Eden zu betreten und die Früchte der Bäume zu essen. Adam arbeitete und aß. Und seit Adam gilt

Gottes Prinzip unverändert: Wer nicht arbeiten will, wird nicht essen.

Und Gott, der HERR, nahm den Menschen und setzte ihn in den Garten Eden, ihn zu bebauen und ihn zu bewahren. Und Gott, der HERR, gebot dem Menschen und sprach: Von jedem Baum des Gartens darfst du essen. (1,Mose 2, 15-16)

Adam hatte Gründe, nicht zu arbeiten. Gott segnete ihn. Er befahl ihm, sich zu vermehren (was unabhängig von Adams Wunsch passieren wird). Um bei Adam die richtige Einstellung und Mentalität auszubilden, musste er arbeiten. Viele Menschen wollen aber keine regelmäßige Arbeit haben und das ist ein ernstes soziales Problem. Wenn man faul bleibt, enthält man sich willentlich Gottes Segen vor. Man muss arbeiten, um sich die Geschenke zu verdienen, die der Herr für Sie vorbereitet hat. Arbeit ist eine Methode, die vom Herrn ersonnen wurde, um Ihnen zu helfen, Ihre Potenziale, Fähigkeiten und Talente zu entfalten und diese aus der spirituellen Welt in die physikalische Welt zu bringen. Auch aus diesem Grund müssen die Gläubigen fleißiger sein als Nichtgläubige.

LASSEN SIE SICH NICHT ABLENKEN

Grund Nr. 10: Ein weiterer Faktor, der viele Menschen von einer erfolgreichen Karriere und einem glücklichen Zuhause abhält, ist ihre Unfähigkeit, sich auf Ihre Hauptziele zu konzentrieren.

Der Teufel weiß, dass Sie mit aller Kraft versuchen, ein sehr wichtiges Ziel zu erreichen. Und so versucht er ebenso eifrig, Sie von diesem Ziel abzulenken und Sie von Ihrem Weg abzubringen. Um den Attacken des Teufels widerstehen zu können, müssen Sie Ihr Leben von allem Unnötigen befreien und strikt ablehnen, was Sie zur Sünde verleitet. Leeres Geschwätz ist an dieser Stelle ebenso zu nennen wie ein schlechter Umgang und vieles andere mehr. Sie sollten stets prüfen, ob Sie von Ihren Beziehungen profitieren oder nicht:

Segnen oder ermahnen Sie Ihr Gegenüber oder anders herum? Egal, in welche Richtung dies erfolgt, es ist gut und sinnvoll, wenn aber nichts davon zutrifft, verschwenden Sie nur wertvolle Zeit. Natürlich brauchen Sie Zeit, um sich auszuruhen, um interessante Menschen zu treffen und an Aktivitäten teilzunehmen, die Sie von Ihren alltäglichen Pflichten ablenken. Aber Sie können Ihre Freizeit klug planen, sodass Sie möglichst viel von ihr profitieren. Ich kann mich zum Beispiel am besten entspannen, wenn ich Zeit mit meiner Familie verbringe, mit meiner Frau spreche und mit meinen Kindern spiele.

Insgesamt rate ich Ihnen, all Ihre Anstrengungen auf Ihre Lebensziele zu richten und fleißig an ihrer Umsetzung zu arbeiten. Sie müssen den Teufel davon abhalten, Ihr Leben ins Verderben zu stürzen und Ihre Pläne zunichte zu machen.

Grund Nr. 11: Man scheitert, wenn man schlechten Umgang pflegt.

Wie wir gerade gesehen haben, ist dies unnötig und kann Sie zur Sünde verführen. Die Bibel sagt: „Irrt euch nicht: Schlechter Umgang verdirbt gute Sitten." (1. Korinther 15, 33). Sag mir, wer deine Freunde sind und ich sage Dir, wer Du bist… Da uns das Umfeld formt, in dem wir uns bewegen, müssen wir bei der Wahl unserer Freunde besonnen und weise vorgehen. Im Allgemeinen kann man die Menschen, denen Sie in Ihrem Leben begegnen werden, in zwei Kategorien einteilen: Jene, die von Ihnen lernen und jene, von denen Sie hilfreiche Erfahrungen, Kenntnisse und Fähigkeiten erwerben. Diese speziellen Menschen bringen Sie dazu, vorwärts zu streben, und ermutigen Sie, neue Höhen anzusteuern und Ihren Horizont zu erweitern. Auf der anderen Seite gilt: All Ihre guten Absichten können jene nicht ändern, die Weisheit und Hinweise hassen, egal wie Sie sich mühen. Es ist ein festes spirituelles Gesetz. Vielleicht meinen Sie: „Mögen sie nur trinken, ich werde nicht mittrinken. Ich werde ihnen über Jesus erzählen und bin mir sicher, auch sie werden Jesus als ihren Herrn und Erretter empfangen." Aber das ist ein Trugschluss. Reden Sie sich nicht ein, Sie wären in der Lage, diese Leute zu ändern.

Natürlich können Sie Bekanntschaften mit Nichtchristen pflegen. Sie können ihnen das Wort des Herrn predigen und ihnen im Namen Jesu helfen. Es werden aber nie Ihre besten Freunde sein. Schließen Sie Freundschaften mit Menschen, die ähnliche Ansichten vertreten, die denselben rechtschaffenen Lebensstil pflegen wie Sie. Man kann nicht weiser sein als das Wort Gottes. Vergessen Sie nie, dass es besagt: „Schlechter Umgang verdirbt gute Sitten."

MACHEN SIE DEN ERFOLG ZU IHREM STÄNDIGEN BEGLEITER

Grund Nr. 12: Man wird seine Berufung nicht erfüllen können, wenn man denkt, man hätte alles zufriedenstellend erledigt und erfüllt und es gäbe nichts mehr, wonach man streben könne.

Dies ist der letzte Grund, aus dem man scheitert. Wenn Sie vor Erleichterung stöhnen und denken: „Endlich ist es geschafft." distanzieren Sie sich gleichzeitig immer von Ihrem nächsten Erfolg, denn Erfolg ist kein einmaliges Ereignis. Es ist ein langer und oft schmerzlicher Prozess. Erfolg ist eine Kettenreaktion: Ein Ertrag bringt den nächsten hervor. Sobald Sie sich sagen, Sie hätten alles getan, was getan werden konnte, behindern Sie Ihre Entwicklung. Wenn Sie sich mit dem Erfolg von heute zufriedengeben, blockieren Sie den Erfolg von morgen. Anstatt dessen sollten Sie sich das nächste Ziel setzen, sobald Sie eines erreicht haben. Konzentrieren Sie sich nie darauf, was Sie schon erreicht haben, sondern denken Sie immer daran, was Sie noch tun können. Nur so entfalten Sie das volle Potenzial, das der Schöpfer Ihnen gegeben hat. Machen Sie den Erfolg zu Ihrem ständigen Begleiter und nicht zu einem gelegentlichen Besucher. Verinnerlichen Sie, dass unser Erfolg erst endet, wenn wir vom Allmächtigen gekrönt werden. (Offenbarung 2; 10; 3,11)

Wenn Sie nach der Lektüre dieses Buches merken, dass zumindest einige der Gründe für das Scheitern Ihr Vorankommen behindern, dann lassen Sie mich für Sie beten:

Durch die Macht, die mir der Herr gegeben hat, zerstöre ich alle Pläne des Teufels, die Sie davon abhalten, Gottes Willen für Ihr Leben zu erfüllen. Im Namen Jesu Christi erkläre ich, dass die Macht Gottes und des Heiligen Geistes Sie zu wahrer Größe und Herrlichkeit führen wird.

Nun danken Sie dem Herrn für die Wahrheiten, die er Ihnen eröffnet hat und für den Plan, den er für Ihr Leben vorbereitet hat. Mit seiner Hilfe werden Sie seinen Willen und Zweck erfüllen können, um Ihren Platz der Größe in ihm zu finden.

Gott segne Sie!

Botschaft Gottes

Internationale Trainingsschuhe für Leiter, Deutschland

Pastor Dr. Omotoye Olutope

Postfach 200153, 63468 Maintal

Tel. +49 69 86003618; Mail historymakers@goooglemail.com

www.godembassy.org - www.itl-godembassy.de

Der Weg zur Freiheit

Pastor Natalia Potopaeva

Geschäfts- und Beratungsstelle

Mellenseestr. 2; 15838 Am Mellensee

Telefon: 03377 / 3389866 ezerfolg@googlemail.com

Internationaler Einfluss

Reinhard Bonnke

Benjamin Netanyahu

T D Jakes

T.L.OSBORN

Ariel Sharon

WESLEY CLARK

CHRIS TUCKER

John C. Maxwell

MEL GIBSON

KENNETH HAGIN

Peter C. Wagner

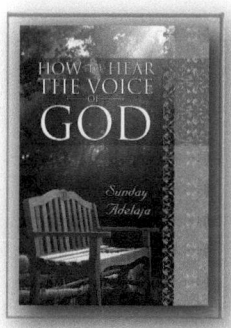

www.godembassy.com

Dr. Sunday Adelaja

Der Weg zu wahrer Größe